Bruno Bettelheim

Zeiten mit Kindern

HERDER / SPEKTRUM

Band 4292

Das Buch

Zeiten mit Kindern – für den bekannten Psychologen Bruno Bettelheim ist dies Programm. Denn Kinder brauchen Menschen, die Zeit haben, die ihnen zuhören, die ihre Botschaften verstehen. Und Erwachsene brauchen Hinweise dafür, wie sie Kinder am besten fördern können. Bruno Bettelheim denkt von den Kindern aus und aktiviert dadurch die Phantasie auch der Erwachsenen: Etwa wenn es darum geht, die Faszination des Lesens zu entdecken oder die Botschaft der Märchen zu entschlüsseln. Wichtig ist es, Kinder nicht mit vorgefertigten Vorstellungen zu normieren, sondern ihnen den freien Raum zur Entwicklung zu geben. Das ist für Kinder ein Geschenk, von dem sie ihr Leben lang profitieren. Denn nichts sickert mehr ins Gedächtnis und das Lebensgefühl eines Kindes als das, was es selbst erfahren durfte. Wenn Lesen und Erzählen, Sehen und Hören, spannend, phantasievoll und lebensnah gestaltet wird, gehen Kinder mit, finden sie sich mit ihren Fragen, Ängsten und Träumen wieder. Eltern sind für Kinder die wichtigsten Personen in ihrem Leben. Bruno Bettelheim kann aus seiner langjährigen Arbeit mit Kindern genau zeigen, worauf es im Umgang mit Kindern ankommt, damit Zeiten mit Kindern die schönsten Zeiten werden. In „Zeiten mit Kindern" sind die praktischen Erkenntnisse Bruno Bettelheims und die schönsten und tiefsten Einsichten eines weisen Kinderfreundes zusammengeführt. Ausgewählt und eingeleitet von Karin Walter.

Der Autor

Professor Bruno Bettelheim, Dr. phil., geboren 1903 in Wien, gestorben 1990 in Silver Spring, USA. Er emigrierte 1939 in die USA, nachdem er ein Jahr in den Konzentrationslagern von Dachau und Buchenwald gewesen war. Bruno Bettelheim ist als Kinder-Psychologe berühmt geworden, seine Bücher sind weltweit verbreitet (Kinder brauchen Märchen, Kinder brauchen Bücher u. a.). Er lehrte Pädagogik, Psychologie und Psychiatrie an der Universität Chicago und leitete viele Jahre die von ihm gegründete Orthogenic School.

Bruno Bettelheim

Zeiten mit Kindern

Mit einem Vorwort herausgegeben
von Karin Walter

Herder
Freiburg · Basel · Wien

Originalausgabe

© für diese Ausgabe: Verlag Herder Freiburg im Breisgau 1994
Herstellung: Freiburger Graphische Betriebe 1994
Umschlaggestaltung: Joseph Pölzelbauer
Umschlagfoto: © Angelika Vogel
ISBN 3-451-04292-4

Inhalt

Vorwort

von Karin Walter

Kinder sind ein Abenteuer für alle, die sich auf sie einlassen.
Und sie sind immer wieder voller Überraschungen. Kindsein,
das ist aber auch ein Risiko, voller Gefährdungen und Verletz-
lichkeiten. Erwachsene erinnern sich meist nur noch undeut-
lich und verschwommen an die Gefühle und Empfindungen,
die sie als Kind hatten, die damals aber die Welt ausmachten.
Die Sprache der Kindheit, die Empfindungs- und Erlebniswelt
der Kinder geht Erwachsenen schnell verloren. Wir sind es gewohnt, uns sprachlich „vernünftig" auszudrücken und auch
Gefühle in Worte zu fassen. Kinder können das noch nicht
von vorneherein. Sie haben ein anderes, sehr vielschichtiges
Repertoire, mit dem sie uns mitteilen, was in ihnen vorgeht.
Wir Erwachsene haben aber die Chance, neugierig und offen
hinzuschauen und hinzuhören, was uns Kinder mit ihren viel-
fältigen Ausdrucksmöglichkeiten sagen wollen. Wir haben die
Chance, wahrzunehmen, wie sehr wir uns gegenseitig wichtig
sind – und so von ihnen und mit ihnen zu lernen.

Bruno Bettelheim ist dafür einer der größten Lehrmeister. Er
ist einer der aufmerksamsten Entschlüssler kindlicher Signale.
Der große Kinderpsychologe und -therapeut hat etwas ge-
schafft, was leicht klingt und offensichtlich doch schwierig ist:
Er denkt und fühlt vom Kind aus. Er versetzt sich in die jewei-
lige Lage eines Kindes, schaut genau hin, hört aufmerksam zu.
Er nimmt sich Zeit, sich ganz konzentriert auf Kinder einzulassen, um herauszufinden, was sie uns „eigentlich" mit einem
bestimmten Verhalten sagen wollen. Er hat gezeigt, wieso es
falsch wäre, Probleme zwischen Erwachsenen und Kindern dadurch zu lösen, daß Kinder den Wünschen der Erwachsenen

gefügig gemacht werden. In seiner täglichen Arbeit mit soge-
nannten schwer gestörten Kindern hat sich für Bettelheim sehr
oft herausgestellt, daß hinter einem aggressiven Verhalten eine
ganz konkrete Angst steckt. Oder der Ruf nach Zuneigung und
Liebe, der keinen anderen Ausdruck findet. Schon im bloßen
Verstehen der kindlichen Motive liegt ein ganz wichtiger
Schlüssel – auch für eine gute Beziehung und einen guten Kontakt zwischen Eltern und Kind.

Kinder, auch scheinbar „schwierige Kinder" – so Bettelheim –, wollen sich eigentlich nie gegen ihre Eltern stellen. Sie
verbergen ihre Botschaft aber oft in einem Verhalten, das Eltern dazu führt, ihr Kind als störrisch anzusehen. Kinder wollen jedoch zunächst einmal ihre Eltern bewundern, ihnen
nacheifern, gerne etwas leisten. Eltern sind für Kinder die allerwichtigsten Personen überhaupt. Sie sind die ersten Vorbilder.
Verwirrt und verstört werden Kinder, wenn sie das Gefühl –
ob zurecht oder nicht – haben, daß sie das Interesse der Eltern
nur auf einem Umweg erwerben können: etwa durch gute
Schulleistungen. Oder wenn sie das Gefühl haben, eine Situation nicht zu durchschauen – etwa bei Konflikten zwischen
den Eltern – und den Boden unter den Füßen zu verlieren.

Damit sind Eltern natürlich auch gefordert: Das Geheimnis
der richtigen Beziehung liegt nicht in einem – desinteressier-
ten – Laissez faire oder in betont antiautoritärer Haltung.
Wichtig ist, von den Bedürfnissen der Kinder auszugehen und
sie zu respektieren. Wichtig ist, sich für sie als Person zu interessieren. In einer von gegenseitiger Offenheit und von Respekt
geprägten Beziehung werden Kinder ohne allzu großen Protest
auch unangenehme Aufgaben übernehmen und die von ihnen
verlangten Leistungen bringen. Bettelheim regt Eltern an, gleichermaßen sensibel zu sein für eigenes Verhalten und für das
Verhalten der Kinder, und er weist nach, daß damit erstaunli-
che Entdeckungen zu machen sind.

Bruno Bettelheim hat in Chicago die „Orthogenic School" gegründet, eine therapeutische Einrichtung, in der schwer gestörte Kinder in einem kindgerechten Umfeld leben und sich schließlich wieder in ein normales Leben einfügen konnten. Er hat im täglichen Umgang mit diesen Kindern seine psychoanalytisch fundierte Überzeugung bestätigt gefunden, daß die grundlegenden Ursachen dieser Störungen oft im emotionalen Bereich lagen – normale Intelligenz vorausgesetzt, wie er selber betonte. Und auch bei Kindern, deren Probleme vielleicht andere Ursachen haben (so kann etwa auch ein unentdeckter Sehfehler zu Lernstörungen führen oder die sogenannte Minimale Cerebrale Dysfunktion zu hyperaktivem Verhalten), ist Bettelheims Grundeinsicht wirksam: Was alle Kinder, auch „schwierige", brauchen, ist Achtung, Verständnis und Zuneigung – erst dann sind Voraussetzungen da, ihre Probleme wirkungsvoll zu bewältigen.

Einem großen Publikum bekannt geworden ist Bruno Bettelheim vor allem durch sein Buch „Kinder brauchen Märchen". Die bildhafte Sprache der Märchen hilft Kindern ganz besonders, sich selbst und die umgebende Welt besser zu verstehen. Märchen, die in einer vergangenen und immer imaginären Zeit spielen, sind offen für die kindlichen Projektionen. Gleichzeitig geben sie Orientierungen und auch Trost: gerade der Kleinste und Dümmste kann zum „Helden" werden. Solche phantasievollen Wegweiser sind besonders wichtig in einer Welt, die immer komplizierter wird und für Kinder immer schwieriger zu durchschauen ist. Märchen vermitteln Kindern, Vertrauen in ihre eigenen Fähigkeiten zu fassen, Probleme zu bewältigen und Sicherheit, daß sie die Zukunft gestalten können und ihr nicht bloß ausgeliefert sind. Dieses Vertrauen ist lebenswichtig, es muß wachsen können.

Kinder brauchen Zeit – auch für sich selbst. Sich auf Kinder einzulassen heißt auch, sie zu lassen und ihre Welt zu akzeptieren. Sie brauchen Zeit, um zu reifen, einen Entwicklungsschritt nach dem anderen zu machen. Eltern in unserer heutigen leistungsbezogenen Gesellschaft sind oft schon beunruhigt, wenn ihr Sprößling eine ganze Stunde träumend aus dem Fenster schaut. Bettelheim kann sie da beruhigen: Die Phantasien, die Kinder dabei lebendig werden lassen, sind die beste Versicherung dafür, daß sie später, als Erwachsene, nicht vor den Problemen des Lebens in falsche Tagträume flüchten.

Zeiten mit Kindern – das heißt immer wieder auch, sich wirklich Muße zu gönnen und sich auf den anderen kindlichen Rhythmus einzulassen. Die lebenslangen Beobachtungen und Erfahrungen Bruno Bettelheims beschreiben die Eigenheit dieses Rhythmus', dieser ganz besonderen Weltwahrnehmung. Seine Texte sind sehr lebensnah, seine ganz praktischen Antworten sind oft überraschend und immer anregend: Was steckt hinter aggressiven Spielen, und wie können verunsicherte Eltern reagieren? Wie kann man das leidige Thema Schulleistungen am besten angehen? Wie steht's mit dem Fernsehen?

Themen, die Eltern und Kinder immer wieder beschäftigen und die Bettelheim in seinen Büchern anspricht, sind in der Auswahl dieses Buches konzentriert zusammengetragen. Die ausgewählten Texte wollen keinen theoretischen Ansatz dokumentieren, sondern die konkrete Beziehung zwischen Kindern und Erwachsenen erhellen. Sie richten sich nicht an Fachleute. Sie wollen für Eltern Tore öffnen, um sich auf die oft geheimnisvolle Welt der Kinder einzulassen. Aber sie könnten dazu anregen, sich auch – als Erwachsene – selbst wieder auf die Reise in die eigene Kindheit zu begeben und verschüttete eigene Erfahrungen wiederzuentdecken.

I. Warum Kinder Märchen brauchen

Märchen geben Sicherheit

Das Kind fragt sich: Wer bin ich? Wo komme ich her? Wie ist die Welt entstanden? Wer hat den Menschen und die Tiere erschaffen? Was ist der Sinn des Lebens? Freilich überlegt es sich diese Lebensfragen nicht abstrakt, sondern so, wie sie es selbst betreffen. Es macht sich keine Sorgen, ob dem Einzelmenschen Gerechtigkeit widerfährt, sondern ob es gerecht behandelt wird. Es denkt darüber nach, wer oder was es in eine mißliche Lage gebracht hat und was es davor schützt, daß ihm so etwas zustößt. Gibt es außer den Eltern gütige Mächte? Sind die Eltern gütige Mächte? Wie und warum soll es sich selbst formen? Gibt es Hoffnung, auch wenn es etwas Böses getan hat? Warum ist ihm das alles geschehen? Was bedeutet es für die Zukunft? Die Märchen geben Antwort auf diese drängenden Fragen, die weitgehend dem Kind erst im Lauf der Geschichte bewußt werden.

Vom Erwachsenenstandpunkt und auch von der modernen Wissenschaftlichkeit aus gesehen, sind die Antworten der Märchen eher phantastisch als wahr. Viele Erwachsene, denen die Weise, in der Kinder die Welt erleben, fremd geworden ist, halten die Lösungen des Märchens für so unrichtig, daß sie Kinder keiner derart „falschen" Information aussetzen wollen. Realistische Erläuterungen sind für Kinder jedoch meist unverständlich, weil Kinder das abstrakte Begriffsvermögen, das notwendig ist, um sie zu erfassen, noch nicht besitzen. Wenn solche Erwachsene eine wissenschaftlich korrekte Antwort gegeben haben, sind sie überzeugt, die Dinge für das Kind geklärt zu haben – dabei ist das kleine Kind nach solchen Erläuterungen nur verwirrt, überwältigt und intellektuell frustriert. Das

Kind erlangt Sicherheit nur aus der Überzeugung, jetzt zu verstehen, was ihm vorher unbegreiflich war – aber niemals aus Tatsachen, die man ihm vorsetzt und die *neue* Ungewißheiten schaffen. Wenn das Kind eine derartige Antwort hinnimmt, kommen ihm Zweifel, ob es wohl die richtige Frage gestellt habe. Da die Erläuterung keinen Sinn ergibt, muß sie sich auf irgendein anderes, unbekanntes Problem beziehen, nicht auf das, nach dessen Lösung das Kind gefragt hat.

Deshalb ist es wichtig, sich stets vor Augen zu halten, daß für das Kind nur solche Aussagen überzeugend sind, die es im Rahmen seines Wissens und seines emotionalen Zustands begreifen kann. Erzählt man einem Kind, daß die Erde im Weltraum schwebt und durch Gravitationskräfte auf einer Kreisbahn um die Sonne gehalten wird, aber nicht auf die Sonne fällt, wie das Kind auf den Boden fällt, so erscheint ihm das alles sehr verwirrend. Es weiß aus Erfahrung, daß alles auf irgend etwas ruhen oder von etwas gehalten werden muß. Nur eine auf diesem Wissen begründete Erklärung kann ihm das Gefühl verleihen, es verstehe jetzt die Sache mit der Erde im Weltraum besser. Was noch wichtiger ist: Um sich auf der Erde sicher zu fühlen, muß das Kind glauben, daß die Welt fest an ihrem Ort gehalten wird. Deshalb findet es eine bessere Erklärung in einem Mythos, der ihm erzählt, daß die Erde auf einer Schildkröte ruht oder von einem Riesen getragen wird.

Wenn das Kind als wahr anerkennt, was ihm die Eltern erzählen – daß die Erde ein Planet ist, der durch Gravitationskräfte sicher auf seiner Bahn gehalten wird –, kann es sich die Gravitation nur als Seil vorstellen. So führt die Erläuterung der Eltern nicht zu besserem Verständnis oder zu dem Gefühl der Sicherheit. Es erfordert erhebliche intellektuelle Reife, überzeugt zu sein, daß das Leben Stabilität hat, wenn die Erde, auf der man geht (das Festeste weit und breit, auf dem alles andere ruht), sich mit unglaublicher Geschwindigkeit um eine unsichtbare Achse dreht, außerdem um die Sonne kreist und zudem mit dem ganzen Sonnensystem durch den Weltraum rast. Ich habe noch nie ein Kind kennengelernt, das all diese kombinierten Bewegungen begreifen konnte, dagegen schon viele, die diesen Lernstoff wiederzugeben vermochten. Wie Papageien plappern sie Erklärungen nach, die nach ihrer eigenen Welterfahrung Lügen sind, die sie aber glauben müssen, weil irgendein Erwachsener es gesagt hat. Die Folge ist, daß Kinder ihrer eigenen Erfahrung, sich selbst und dem, was ihr Verstand für sie tun kann, nicht mehr trauen.

Im Herbst 1973 stand der Komet Kohoutek in der Zeitung. Ein sehr fähiger Naturkundelehrer erklärte damals das Phänomen vor einer kleinen Gruppe hochintelligenter Zweit- und Drittkläßler. Jedes Kind hatte sorgsam aus Papier eine kreisrunde Scheibe ausgeschnitten und darauf die Bahn der Planeten um die Sonne eingezeichnet; eine Ellipse aus Papier, die mit einem Schlitz an der Scheibe befestigt wurde, stellte die Bahn des Kometen dar. Die Kinder führten mir vor, wie der Komet in einem Winkel zu den Planeten dahinzieht. Auf meine Frage sagten sie, sie hielten den Kometen in der Hand, und deuteten dabei auf die Ellipse. Als ich sie fragte, wie der Komet, den sie in der Hand hielten, auch am Himmel sein könnte, wußte keines eine Antwort.

In ihrer Verwirrung wandten sie sich an den Lehrer, der ihnen vorsichtig erklärte, das, was sie in der Hand hielten und mit so großem Fleiß gebastelt hatten, sei nur ein Modell der Planeten und des Kometen. Alle Kinder versicherten, sie hätten es verstanden; sie hätten es auf Aufforderung auch wiederholt. Doch während sie vorher diesen Kreis mit der Ellipse in ihrer Hand stolz bewundert hatten, verloren sie jetzt alles Interesse. Einige zerknüllten das Papier, andere warfen das Modell in den Abfallkorb. Als die Papierfetzen für sie noch der Komet gewesen waren, hatten sie alle vorgehabt, ihn nach

Hause zu nehmen und ihren Eltern zu zeigen, aber jetzt hatte das Machwerk keine Bedeutung mehr für sie.

Bei dem Versuch, einem Kind wissenschaftlich korrekte Erklärungen nahezubringen, lassen Eltern nur zu oft die wissenschaftlichen Erkenntnisse über die Arbeitsweise des kindlichen Geistes außer acht. Die Erforschung der geistigen Vorgänge beim Kind, insbesondere Piagets Arbeit, hat überzeugend erbracht, daß das kleine Kind nicht fähig ist, die zwei wichtigen abstrakten Begriffe von der Permanenz der Quantität und von der Reversibilität zu verstehen – zum Beispiel also, daß die gleiche Menge Wasser in einem schmalen Gefäß hoch und in einem breiten Gefäß niedrig bleibt oder daß die Subtraktion die Umkehrung der Addition ist. Ehe das Kind diese und andere abstrakte Begriffe erfassen kann, vermag es die Welt nur subjektiv zu erfahren.

Wissenschaftliche Erklärungen verlangen objektives Denkvermögen. Nicht nur die theoretische, sondern auch die experimentelle Forschung hat ergeben, daß kein Kind vor dem Schulalter wirklich imstande ist, die beiden genannten Begriffe, ohne die ein abstraktes Verständnis unmöglich ist, zu durchdringen. Bis zum Alter von acht oder zehn Jahren kann das Kind nur stark personalisierte Begriffe dessen, was es erlebt, entwickeln. So geht es beispielsweise davon aus, daß die Pflanzen, die auf der Erde wachsen, es ernähren, wie seine Mutter es einst an ihrer Brust genährt hat, und es erscheint ihm ganz natürlich, die Erde als Mutter oder als Göttin oder doch zumindest als deren Aufenthaltsort zu betrachten.

Selbst das kleine Kind hat ein noch unklares Wissen davon, daß es von seinen Eltern geschaffen wurde; so ist es ihm völlig begreiflich, daß die Menschen und die Erde, auf der sie leben, von einem übermenschlichen Wesen geschaffen wurden, das sich nicht sehr von den Eltern unterscheidet – irgendein Gott oder eine Göttin. Da die Eltern über das Kind wachen und es im gemeinsamen Heim mit allem versorgen, was es braucht, glaubt es auch auf völlig natürliche Weise, daß ein ihnen ähnliches, nur sehr viel mächtigeres, intelligenteres und zuverlässigeres Wesen – ein Schutzengel – draußen in der Welt am Werk ist.

Das Kind erlebt die Weltordnung im Bild der Eltern und der Vorgänge in der Familie. Wie ein Kind sahen die alten Ägypter den Himmel und das Firmament als Muttergestalt (Nut), die sich schützend über die Erde beugt und sie mit den auf ihr lebenden Menschen in heiterer Ruhe einhüllt. Eine solche Sicht ist weit davon entfernt, den Menschen daran zu hindern, später eine rationalere Welterklärung zu finden; sie bietet vielmehr Sicherheit zu der Zeit, da diese am meisten benötigt wird. Eben diese Sicherheit läßt zur richtigen Zeit dann eine wahrhaft rationale Weltsicht erwachsen. Das Leben auf einem kleinen Planeten, umgeben vom grenzenlosen Raum, erscheint dem Kind entsetzlich einsam und kalt – gerade als das Gegenteil dessen, wie das Leben seiner Erfahrung gemäß sein sollte. Deshalb hatten die Alten das Bedürfnis, sich von einer umhüllenden Mutterfigur beschützt und erwärmt zu fühlen. Wer solche bildlichen Schutzvorstellungen als bloße kindische Projektionen eines unreifen Geistes abwertet, entzieht dem kleinen Kind einen Teil der langdauernden Sicherheit und Fürsorge, deren es bedarf.

Selbstverständlich kann die Vorstellung von einer beschützenden Himmelsmutter die geistige Entwicklung hemmen, wenn man ihr zu lange anhängt. Weder kindliche Projektionen noch die in der Phantasie lebendigen beschützenden Gestalten – zum Beispiel der Schutzengel, der einen behütet, wenn man schläft oder wenn die Mutter fort ist – vermögen wahre Sicherheit zu bieten; doch solange man sich selbst noch keine völlige Sicherheit schaffen kann, sind Vorstellungen und Projektionen bei weitem der Unsicherheit vorzuziehen. Wenn diese (teilweise eingebildete) Sicherheit genügend lange erlebt wird, befähigt sie das Kind, die Zuversicht zum Leben zu entwickeln, die es braucht, um sich selbst zu trauen. Dieses Selbstvertrauen ist notwendig, wenn es lernen soll, die Probleme des Lebens mit Hilfe seiner zunehmenden Geisteskräfte zu lösen. Schließlich erkennt das Kind, daß das, was es sich als buchstäblich wahr vorgestellt hat – die Erde als Mutter –, nur ein Symbol ist.

Ein Kind, das aus Märchen zu glauben gelernt hat, daß eine Gestalt, die anfänglich abstoßend und bedrohlich erschien, auf zauberische Weise zum besten Freund werden kann, ist bereit zu glauben, daß ein fremdes Kind, das es kennenlernt und fürchtet, sich ebenfalls in einen freundlichen Kameraden verwandeln kann. Der Glaube an die „Wahrheit" des Märchens verleiht ihm den Mut, sich nicht auf den ersten Eindruck hin von dem Fremden zurückzuziehen. Das Kind erinnert sich, wie der Held vieler Märchen das Leben meistert, weil er es wagte, sich mit einem scheinbar widerwärtigen Wesen zu befreunden, und es glaubt, es könne den gleichen Zauber bewirken.

Ich habe oftmals, vor allem bei jungen Menschen in der späten Reifezeit, erlebt, daß Jahre des Glaubens an das Zauberhafte erforderlich waren, um einen Ausgleich dafür zu schaffen, daß der Mensch diesem Bereich in seiner Kindheit vorzeitig entrissen und gewaltsam mit der harten Realität konfrontiert wurde. Es ist, als empfänden diese jungen Leute, daß sie jetzt die letzte Gelegenheit haben, einen spürbaren Mangel in ihrer Lebenserfahrung nachzuholen, oder daß sie ohne eine Zeit des Glaubens an das Zauberhafte nicht imstande sind, den Härten des Erwachsenenlebens zu begegnen. Viele junge Menschen, die heute plötzlich in Drogenträumen der Welt zu entfliehen suchen, irgendeinem Guru nachfolgen, an Astrologie glauben, sich der schwarzen Magie verschreiben oder auf an-

dere Weise aus der Realität in Wachträume von magischen, ihr
Leben zum Bessern verändernden Erlebnisse flüchten, wurden
vorzeitig gezwungen, die Wirklichkeit in der Art der Erwachsenen zu sehen. Das Bemühen, der Realität auf solche Weise zu
entrinnen, hat seine tiefere Ursache in frühen formativen Erlebnissen, die es verhinderten, daß sich die Überzeugung, das
Leben könne auf realistische Weise gemeistert werden, heraus-
bildete.

Wünschenswert erscheint es für den Menschen, daß er in
seiner Lebenszeit den historischen Entwicklungsprozeß des
wissenschaftlichen Denkens nachvollzieht. Lange Zeit bediente sich der Mensch in seiner Geschichte der aus seinen
nicht ausgereiften Hoffnungen und Ängsten erwachsenen
emotionalen Projektionen – zum Beispiel der Götter –, um den
Menschen, seine Gesellschaft und das Weltall zu deuten; diese
Erklärungen verliehen ihm das Gefühl der Sicherheit. Dann
befreite sich der Mensch im Laufe seines gesellschaftlichen,
wissenschaftlichen und technologischen Fortschreitens langsam von der beständigen Furcht um sein Leben. Da er sich nun
in der Welt und auch in sich selbst sicherer fühlte, konnte er
die Gültigkeit der Bilder, die er früher als Werkzeuge der Erklärung verwendet hatte, in Frage stellen. Die „kindischen" Projektionen lösten sich auf, rationalere Erklärungen traten an
ihre Stelle. Dies vollzog sich jedoch nicht ohne Zwischenfälle;
in Zeiten der Bedrückung und Not sucht der Mensch wiederum Trost in der „kindischen" Vorstellung, er und seine
Wohnstätte seien der Mittelpunkt des Weltalls.

In Begriffen des menschlichen Verhaltens ausgedrückt: Je sicherer sich der Mensch in der Welt fühlt, um so weniger hat er
es nötig, an „infantilen" Projektionen – mythischen Erklärungen oder Märchenlösungen für die ewigen Probleme des Lebens – festzuhalten und um so freier kann er rationale
Erklärungen suchen. Je sicherer der Mensch in sich selbst ist,

um so besser kann er eine Erklärung übernehmen, die besagt, seine Welt sei im Kosmos nur von geringer Bedeutung. Sobald sich der Mensch in seiner menschlichen Umwelt wirklich bedeutsam fühlt, kümmert er sich wenig um die Bedeutung seines Planeten im Universum. Je unsicherer aber der Mensch seiner selbst und seines Standorts in der unmittelbar umgebenden Welt ist, um so mehr zieht er sich aus Furcht in sich selbst zurück oder dringt hinaus, um zu erobern, lediglich um des Eroberns willen. Dies ist das Gegenteil des Forschens aus einer Sicherheit heraus, die unsere Neugier freisetzt. Aus denselben Gründen braucht das Kind, solange es des Schutzes seiner unmittelbaren menschlichen Umgebung nicht gewiß ist, den Glauben, daß es von höheren Mächten, zum Beispiel vom Schutzengel, behütet wird und daß die Welt und sein Standort darin von überragender Bedeutung sind. Hier findet sich ein Bindeglied zwischen der Fähigkeit der Familie, grundlegende Sicherheit zu bieten, und der Bereitschaft des Kindes, rationale Forschungen zu betreiben, wenn es älter wird.

Solange die Eltern noch fest daran glaubten, daß die biblischen Geschichten das Rätsel des Lebens und seines Sinnes lösten, war es einfach, einem Kind das Gefühl der Sicherheit zu vermitteln. In der Bibel standen die Antworten auf alle bedrängenden Fragen; die Bibel sagte dem Menschen alles, was er wissen mußte, um die Welt, ihr Entstehen und sein Verhalten in ihr zu begreifen. In der westlichen Welt fand man auch die Prototypen der Phantasie in der Bibel. So reich die Bibel aber an Geschichten ist, reichten diese nicht einmal in sehr religiösen Zeiten aus, um allen seelischen Nöten des Menschen zu begegnen.

Ein Grund dafür liegt darin, daß das Alte und das Neue Testament wie auch die Heiligenlegenden zwar Antwort auf die Frage, wie ein gutes Leben zu führen sei, gaben, aber keine Lösung für die Probleme, die sich aus den Schattenseiten unserer

Persönlichkeit ergeben, bereithielten. Die biblischen Geschichten erteilen im wesentlichen nur einen Ratschlag im Blick auf die asozialen Aspekte des Unbewußten: Unterdrückung dieser Strebungen (die nicht bewußt werden dürfen). Kinder aber, die ihr Es nicht unter bewußter Kontrolle haben, brauchen Geschichten, die wenigstens in der Phantasie ein Ausleben dieser „schlechten" Neigungen gestatten und spezifische Modelle für deren Sublimierung anbieten.

Explizit und implizit spricht die Bibel von den Forderungen Gottes an den Menschen. Wir hören zwar, daß über einen reuigen Sünder mehr Freude herrscht als über einen Menschen, der niemals vom rechten Weg abgewichen ist, aber die Botschaft besagt nach wie vor, daß wir ein gutes Leben führen sollen und uns zum Beispiel nicht grausam rächen dürfen an denen, die wir hassen. Wie aus der Geschichte von Kain und Abel hervorgeht, kennt die Bibel kein Mitgefühl für die Qualen der Geschwisterrivalität – sie warnt nur vor den verheerenden Folgen, die eintreten, wenn man danach handelt.

Was aber ein von Eifersucht auf Geschwister verzehrtes Kind am meisten braucht, ist das Gefühl, daß das, was es erlebt, von seiner Situation gerechtfertigt wird. Um dem Ansturm des Neides standzuhalten, muß das Kind ermutigt werden, sich in seiner Phantasie auszumalen, daß eines Tages der Ausgleich kommen wird. Wenn es überzeugt ist, daß die Zukunft die Dinge zurechtrücken wird, kann es in der Gegenwart ausharren. Am meisten sehnt sich das Kind nach Bestätigung seines noch sehr zähen Glaubens, daß es eines Tages Sieger sein wird, wenn es heranwächst, hart arbeitet und reift. Wenn die jetzigen Leiden in der Zukunft belohnt werden, braucht es dem Impuls seiner augenblicklichen Eifersucht nicht zu folgen, wie Kain es tat.

Biblische Geschichten, Mythen und Märchen waren die Literatur, die während annähernd der ganzen Menschheitsge-

schichte jedermann – Kindern und Erwachsenen – zur
Erbauung diente. Abgesehen davon, daß Gott im Mittelpunkt
steht, sind viele biblische Geschichten dem Märchen sehr ähnlich. In der Geschichte von Jona und dem Walfisch zum Beispiel flieht Jona vor der Forderung seines Über-Ichs (seines
Gewissens), gegen die Bosheit der Leute von Ninive zu kämp-
fen. Die Prüfung seiner moralischen Standfestigkeit ist wie in
so vielen Märchen eine gefährliche Reise, auf der er sich be-
währen muß.

Bei der Fahrt übers Meer landet er im Bauch des Walfisches.
Dort – in großer Gefahr – entdeckt Jona seine höhere Morali-
tät, sein höheres Ich, und wird auf wunderbare Weise neugebo-
ren. Jetzt ist er bereit, die strengen Forderungen seines
Über-Ichs zu erfüllen. Aber die Neugeburt allein bringt ihm
keine wahre Menschlichkeit; echte Freiheit und eine höhere
Persönlichkeitsstufe bedeuten, daß er weder dem Es und dem
Lustprinzip (Flucht vor mühevollen Aufgaben) noch dem
Über-Ich (Fluch der Zerstörung auf die verderbte Stadt) skla-
visch unterworfen ist. Erst als Jona von beiden Institutionen
seines Inneren nicht mehr abhängig ist, sondern sowohl dem
Es als auch dem Über-Ich den blinden Gehorsam verweigert,
gelangt er zu authentischem Menschsein und erkennt die
Weisheit Gottes, der die Bewohner von Ninive nicht nach den
starren Strukturen von Jonas Über-Ich, sondern nach ihrer
menschlichen Unvollkommenheit beurteilt.

Märchen weisen Wege

Ein Kind, das ein paar Stunden alleinbleiben muß, kann sich so grausam verlassen fühlen, als sei es sein Leben lang vernachlässigt und abgelehnt worden. Wenn dann plötzlich die Mutter unter der Tür steht, lächelt und vielleicht sogar ein kleines Geschenk mitbringt, verwandelt sich sein Leben in vollkommene Glückseligkeit. Das Kind empfindet dies als zauberisch; denn wie könnte etwas so Einfaches sein Leben ändern, wenn nicht ein Zauber wirkte?

Radikale Veränderungen im Wesen der Dinge erlebt das Kind ständig, wenn auch der Erwachsene seine Wahrnehmungen nicht teilt. Beobachtet man aber einmal, wie das Kind mit Gegenständen – zum Beispiel mit einem Schnürsenkel oder einem Spielzeug – umgeht, so sieht man, daß es verzweifelt und sich für einen Dummkopf hält, wenn es nicht damit fertig wird. Wenn ihm dann wie durch einen Zauber der Gegenstand plötzlich gehorcht, wird das Kind vom niedergeschlagensten zum glücklichsten aller Menschen. Ist dies nicht der Beweis für das zauberische Wesen des Gegenstandes? Nicht wenige Märchen erzählen, wie sich das Leben des Helden, der einen Zaubergegenstand findet, verändert. Mit Hilfe dieses Gegenstands zeigt sich der Dummling am Ende klüger als seine vorher bevorzugten Geschwister. Das Kind, das sich als häßliches Entlein fühlt, braucht nicht zu verzweifeln, wird es sich doch in einen herrlichen Schwan verwandeln.

Ein kleines Kind kann von sich aus wenig tun und fühlt sich deswegen manchmal so enttäuscht, daß es aufgibt. Das Märchen verhütet dies dadurch, daß es der kleinsten Leistung außerordentlichen Wert beimißt und die wunderbarsten Folgen verheißt. Alltägliche Begebenheiten führen zu großen Dingen, zum Beispiel wenn man eine Flasche oder ein Glas findet (wie in dem Grimmschen Märchen „Der Geist im Glas"), mit einem Tier Freundschaft schließt („Der gestiefelte Kater") oder einem Fremden ein Stück Kuchen schenkt („Die goldene Gans", ebenfalls ein Märchen der Brüder Grimm). So fördert das Märchen im Kind die Zuversicht, daß sich seine tatsächlichen Leistungen als bedeutsam erweisen werden, wenn es auch vorläufig noch nichts davon sieht.

Der Glaube an solche Möglichkeiten muß gestärkt werden, damit das Kind seine Enttäuschung ertragen kann, ohne sich völlig niederdrücken zu lassen; zudem kann er dazu anregen, zuversichtlich an ein Leben jenseits des elterlichen Heims zu denken. Das Beispiel des Märchens versichert, daß das Kind bei seinem Streben in der äußeren Welt Hilfe erfahren und daß der Erfolg seine standhaften Bemühungen krönen wird. Zugleich betont das Märchen, daß die geschilderten Ereignisse vor langer Zeit in einem fernen Land stattfanden; dadurch wird klar, daß es die Hoffnung nährt und nicht etwa die Welt, wie sie hier und jetzt ist, realistisch darstellt.

Das Kind erfaßt intuitiv, daß Märchen zwar *unrealistisch*, aber nicht *unwahr* sind, daß ihre Ereignisse zwar nicht in der Wirklichkeit geschehen, sich aber als innere Erfahrung und persönliche Entwicklung zutragen müssen, daß sie sinnbildlich die wesentlichen Stufen des Wachstums zu einem unabhängigen Leben schildern. Die Märchen weisen stets den Weg in eine bessere Zukunft, aber sie konzentrieren sich auf den Vorgang der Veränderung und beschreiben die zu erwartende Glückseligkeit nicht in allen Einzelheiten. Sie setzen dort ein, wo sich das Kind derzeit befindet, und lassen durchblicken, wo es hingelangen muß – mit Betonung auf die dazwischenliegende Strecke. Sie vermögen das Kind sogar durch das dornenreichste Dickicht, die ödipale Phase, zu leiten.

II. Was Kindern Spielen bedeutet

Im Spiel liegt die Geheimsprache von Kindern

Der Mensch ... ist nur da ganz Mensch, wo er spielt.

Friedrich Schiller

„Das Spielen der Kinder sollte man als ihre ernsthafteste Tätigkeit betrachten", schrieb Montaigne. Wenn wir unser Kind verstehen wollen, müssen wir sein Spiel verstehen lernen ... Die meisten Eltern sind sich über die Bedeutung des Spiels klar und würden zustimmen, daß es nicht nur eine lustvolle, sondern auch eine ernst zu nehmende und wichtige Tätigkeit ihrer Kinder ist. Sie versorgen ihre Kinder mit Spielzeug und Spielmaterialien und sorgen dafür, daß es mit anderen Kindern spielen kann. In dem Maß, wie die Kinder verständiger werden, ändert sich die Art ihres Spiels, und sie beschäftigen sich mit anderen Problemen. Durch das Spiel beginnen sie zu begreifen, wie die Dinge funktionieren: was man mit den einzelnen Gegenständen anfangen kann und was nicht; wie man mit ihnen umgeht oder weshalb man unter Umständen besser die Finger davon läßt. Aus dem Spielen mit anderen lernen die Kinder, daß es in bezug auf Zufall und Wahrscheinlichkeit bestimmte Gesetze gibt und daß sie bestimmte Verhaltensregeln beachten müssen, wenn sie wollen, daß die anderen mit ihnen spielen.

Das Wertvollste, was Kinder aus dem Spiel lernen, ist aber, daß die Welt nicht untergeht, wenn sie verlieren. Wenn man das eine Spiel verliert, kann man das nächste oder übernächste gewinnen. Dadurch, daß sie beim Spiel und Sport verlieren und dann die Partie wiederholen und gewinnen können, erkennen sie allmählich, daß sie trotz zeitweiliger Rückschläge im Leben zum Schluß doch gewinnen können, sogar in derselben Situation, in der sie die Niederlage erlitten haben. Wenn das Kind dies lernen soll, müssen die Eltern natürlich nicht das Gewinnen, sondern die Freude am Spiel in den Vordergrund stellen. Sie müssen ihm begreiflich machen, daß das Verlieren ebensowenig ein Hinweis auf persönliche Unterlegenheit wie das Gewinnen ein Beweis von Überlegenheit ist. Die Engländer, die als Nation für ihren Sportsgeist berühmt sind, bewundern den guten Verlierer sehr. Sie wissen, daß es leicht ist, ein guter Gewinner zu sein, dem die Welt zulächelt und der den Gewinn einsteckt. Aber das Verlieren mit Fassung hinzunehmen und sich davon nicht unterkriegen zu lassen – einzuräumen, daß es nach den Spielregeln gerechtfertigt war –, ist nicht nur lobenswert, es schützt den Verlierer auch davor, daß seine Selbstachtung unterminiert wird.

Freud hat darauf hingewiesen, daß das Kind mit seinem Spiel die ersten großen kulturellen und psychologischen Leistungen vollbringt und daß es sich im Spiel ausdrückt. Das trifft auf den Säugling zu, dessen Spiel einzig darin besteht, daß er seine Mutter anlächelt, wenn sie ihm zulächelt. Freud machte auch darauf aufmerksam, wie häufig und wie gut Kinder ihre Gedanken und Gefühle im Spiel zum Ausdruck bringen. Dabei handelt es sich manchmal um Gefühle, die den Kindern selbst nicht bewußt sind oder die sie überwältigen würden, wenn sie sie nicht in ihren Spielphantasien ausagieren könnten.

Kinderanalytiker haben Freuds Einsichten noch weiter ergänzt, indem sie auf die mannigfachen Probleme und Emotionen hinwiesen, die Kinder im Spiel ausdrücken; andere haben gezeigt, wie Kinder das Spiel dazu benutzen, recht komplexe psychische Schwierigkeiten aus Vergangenheit und Gegenwart auszuagieren und zu meistern. Das Spiel ist in diesem Zusammenhang so wichtig, daß die „Spieltherapie" zur wichtigsten

Methode geworden ist, kleinen Kindern bei ihren emotionalen Schwierigkeiten zu helfen. Freud sagte, der Traum sei der „Königsweg" zum Unbewußten, und das gilt für Erwachsene wie für Kinder. Aber das Spiel ist der „Königsweg" zum bewußten und unbewußten Innenleben des Kindes. Wenn wir seine innere Welt verstehen und ihm weiterhelfen wollen, müssen wir lernen, mit ihm diesen Weg zu gehen.

Am Spiel eines Kindes können wir verstehen lernen, wie es die Welt sieht und auslegt – was es gerne wäre, was ihm wichtig ist, welche Probleme es quälen. Im Spiel drückt es aus, was es kaum in Worte kleiden könnte. Kein Kind spielt spontan zum bloßen Zeitvertreib, wenn es das selbst auch glaubt – genau wie die Erwachsenen, die es beobachten. Selbst wenn es teilweise spielt, um die Langeweile zu vertreiben, ist doch das Spiel, das es sich aussucht, von inneren Prozessen, Wünschen, Problemen und Ängsten motiviert. Was im Kopf des Kindes vor sich geht, bestimmt das, was es spielt. Das Spiel ist seine Geheimsprache, die wir auch dann respektieren müssen, wenn wir sie nicht verstehen.

Auch das normalste und begabteste Kind begegnet vielen Schwierigkeiten, die es im Leben vor scheinbar unüberwindliche Probleme stellen. Aber dadurch, daß es einen Aspekt des Problems nach dem anderen nach eigenem Gutdünken beim Spielen ausagiert, vermag es schließlich auch mit sehr komplexen Problemen Schritt für Schritt fertigzuwerden. Meist geschieht das auf symbolische Weise, die es oft selbst kaum begreift, da es dabei auf innere Prozesse reagiert, die ihm selbst nicht bewußt sind, auf Prozesse, deren Ursprung tief in seinem Unbewußten begraben sein können. Das kann zu Spielen führen, die uns im Augenblick wenig sinnvoll oder sogar unangebracht erscheinen, weil wir ihren Zweck nicht kennen oder nicht wissen, wie sie ausgehen werden. Deshalb sollten wir das Kind, falls es sich mit seinem Spielen nicht unmittelbar gefährdet, ruhig gewähren lassen, ohne uns einzumischen: aus dem einfachen Grund, weil es so ganz in sein Spiel vertieft ist. Wenn wir uns in der besten Absicht bemühen, ihm zu helfen, kann es das davon ablenken, die Lösung, mit der ihm am besten gedient ist, zu suchen und schließlich auch zu finden. Unsere Einmischung wird es nur von seinem Ziel ablenken. Unsere Vorschläge mögen auf bewußter Ebene einleuchtend sein und aus diesem Grund das Kind überzeugen, weil es leicht beeinflußbar und sich dessen nicht bewußt ist, was es innerlich bedrückt und womit es fertigzuwerden versucht. Aber mit diesen vernünftigen Ratschlägen können wir es unter Umständen geradezu daran hindern, die psychischen Schwierigkeiten, die es bedrängen, zu meistern.

Ein vierjähriges Mädchen reagierte auf die Schwangerschaft seiner Mutter mit einer Regression. Obwohl es bereits sauber war, näßte es wieder ein. Es bestand darauf, nur aus einer Babyflasche zu trinken, und krabbelte wieder auf dem Fußboden herum. All das machte seine Mutter sehr besorgt, die durch das zu erwartende Baby neue Aufgaben auf sich zukommen sah und gehofft hatte, ihr schon relativ vernünftiges Töchterchen würde ihr dabei helfen. Glücklicherweise machte sie keinen Versuch, diese Regression zu verhindern, was sicher schwierig gewesen wäre, weil das Kind nicht nur Baby spielte, sondern sich wie ein Baby benahm.

Nach ein paar Monaten gab das kleine Mädchen dieses regressive Verhalten auf und spielte ein viel reiferes Spiel. Es spielte jetzt „gute Mutter". Es behandelte sein Puppenbaby sehr liebevoll und versorgte es auf verschiedenste Weise und viel ernsthafter als je zuvor. Nachdem es sich im regressiven Stadium mit dem zu erwartenden Baby identifiziert hatte, handelte es sich jetzt unverkennbar um ein Spiel, bei dem es sich mit seiner Mutter identifizierte. Als dann das Geschwisterchen geboren wurde, hatte die Kleine schon vieles hinter sich gebracht, was notwendig war, um mit der Veränderung in der Familie und mit ihrer neuen Stellung in ihr fertigzuwerden. Sie paßte sich dem Baby viel leichter an, als ihre Mutter erwartet und gefürchtet hatte.

Im Rückblick ist deutlich zu erkennen, daß das Kind, als es erfuhr, daß seine Mutter schwanger war und ein neues Baby in die Familie kommen würde, Angst bekam, dieses würde es seiner kindlichen Befriedigung berauben, und daß es deshalb versuchte, sich diese zu verschaffen. Vielleicht dachte es, seine Mutter wünschte sich ein Baby, weil es selbst kein Baby mehr war. So faßte es vielleicht den Entschluß – wenn man eine unbewußte Reaktion als Entschluß bezeichnen kann –, selbst wieder ein Baby zu werden. Dann brauchte seine Mutter sich kein anderes zu beschaffen.

Nachdem man das kleine Mädchen eine Zeitlang hatte gewähren lassen, muß es eingesehen haben, daß Bettnässen doch nicht so angenehm war, wie es sich das vorgestellt hatte, daß viele verschiedene Dinge essen zu können entschieden vorteilhafter war, als immer nur aus einer Flasche zu trinken, und daß Laufen und Herumspringen mehr Spaß machte als das Krabbeln. Diese Erfahrungen brachten die Kleine zu der Überzeugung, daß es schöner war, etwas erwachsener als noch ein Baby zu sein. So gab sie es auf, so zu tun, als ob sie noch ein Baby wäre, und beschloß, lieber so zu sein wie ihre Mutter. Sie wollte ihr jetzt im Spiel ähnlich sein und sich vorstellen, daß sie später einmal selbst eine richtige Mutter sein würde. Das Spiel lieferte dem Kind und seiner Mutter eine glückliche Lösung in einer Situation, die sonst leicht in eine Sackgasse hätte führen können.

Mit seinen vier Jahren war das kleine Mädchen in einem Alter, in dem es sowohl Baby als auch Mutter spielen konnte. Ältere Kinder können nicht so leicht und drastisch regredieren, und sie können selbst im Spiel nicht wirklich glauben, daß sie tatsächlich ein Vater oder eine Mutter sind. Für viele, die es nicht mehr fertigbringen, etwas vorzutäuschen, was sie nicht mehr sind, wäre es eine gute Lösung, diese Rollen als Schauspieler in einem Theaterstück oder in einem Marionettentheater auszuagieren. Als Schauspieler oder Puppenspieler könnten sie die Dinge so ausagieren, daß ihre schwer errungene Reife nicht gefährdet wäre, während sie gleichzeitig so kindisch sein könnten, wie sie es für nötig halten, oder auch reifer, als sie es in Wirklichkeit sind. So finden Kinder, wenn man sie sich selbst überläßt, oft Lösungen für die sie bedrängenden Probleme. Allerdings wird es ihnen nicht gelingen, wenn wir meinen, wir wüßten besser, was und wie sie spielen sollten, und uns aus unseren Gründen in etwas einmischen, was das Kind aus seinen eigenen Gründen zu tun versucht.

Kinder versuchen im Spiel nicht nur Probleme ihres eigenen Lebens zu meistern. Oft versuchen sie auch spielend die Welt verstehen zu lernen. Das kleine Mädchen, das seine Puppen so versorgt, wie seine Mutter das mit ihm tut, und Kinder, die im Spiel nachahmen, wie ihre Eltern arbeiten, versuchen nicht nur ihre Eltern als Personen, sondern auch deren Tätigkeit zu verstehen, indem sie diese nachahmen. Das kleine Kind, das im Spiel seine älteren Geschwister nachahmt, versucht, diese zu verstehen und gleichzeitig herauszufinden, was es bedeutet, älter zu werden.

Das Spiel von Kindern kann sich auch heilsam für sie selbst auswirken, wenn sie beispielsweise ihre Puppen oder Stofftiere oder lebendige Tiere so liebevoll behandeln, wie sie wünschten, daß ihre Eltern sie selbst behandeln würden. Auf diese Weise versuchen sie, sich für das zu entschädigen, was ihnen vorenthalten wird. Leider verstehen die Erwachsenen oft die Bedeutung der Spiele ihrer Kinder nicht und mischen sich deshalb bedenkenlos ein. Da sie kein Gefühl dafür haben, welche tiefe Bedeutung scheinbar unsinnige, ständig wiederholte

Spiele für Kinder haben können, berauben sie diese möglicherweise der Chance, endlose Stunden damit zu verbringen, immer wieder das scheinbar Gleiche zu wiederholen. Tatsächlich kommt es nur selten vor, daß Kinder ein Spiel in allen Einzelheiten wiederholen. Bei sorgfältiger Beobachtung kann man winzige Veränderungen im Spielablauf erkennen, in denen sich immer neue Entwicklungen andeuten, die das Spiel nimmt, wenn man es sich selbst überläßt. Und wenn keine Varianten auftreten – wenn sich das Spiel von einem Tag zum anderen und von einer Stunde zur anderen vollkommen gleichbleibt –, dann ist daraus eine wichtige Botschaft zu entnehmen. Eine echte Wiederholung der Spielstruktur ist ein Signal dafür, daß das Kind sich mit Dingen herumquält, die ihm sehr wichtig sind, und daß es noch keine Lösung seines Problems gefunden hat, aber weiter danach sucht.

Die ersten Spiele

Als Eltern und Kinder noch dieselben Spiele spielten, verstanden sie sozusagen von selbst den Zweck des Spielens: Bedeutung zu haben und Spaß zu machen. Das gilt noch heute für das primitivste, früheste und daher wichtigste Spiel – für das Spiel des Kleinkinds –, und wehe dem Kind, dem es vorenthalten wird.

Wenn ein Baby seine Rassel aus dem Bettchen wirft und seine Mutter sie ihm wiedergibt, macht das beiden soviel Spaß, daß die Mutter in diesem Augenblick kaum bedenkt, daß ihr Kind dabei eine Antwort auf sehr wichtige Fragen sucht: Kann ich einen Einfluß auf meine objektive Umgebung ausüben, ohne daß das üble Folgen hat für mich? Kann ich meinen Willen durchsetzen und Gegenstände manipulieren, ohne daß ich es büßen muß? Kann ich etwas loswerden, was mich ärgert? Kann ich vorübergehend die Kontrolle über meinen Besitz aufgeben, ohne ihn ganz zu verlieren?

Die Mutter wird auf diese Fragen positiv reagieren, wenn sie sich über die neu erworbene Geschicklichkeit ihres Kindes freut. Dann wird sie es loben und zur Wiederholung anspornen, indem sie ihm die Rassel zurückgibt. Dagegen wird ihre Reaktion negativ sein, wenn sie ungeduldig und ärgerlich wird, und sie wird dadurch dem Kind das Gefühl geben, daß es unartig ist, wenn es versucht, Gegenstände zu manipulieren. Und wenn sie sich weigert, ihm sein Spielzeug zurückzugeben, lehrt sie es, daß man Gegenstände nicht manipulieren sollte, weil das zu ihrem Verlust führen könnte – zu dem objektiven Verlust, daß die Rassel weg ist, und zu dem subjektiven Verlust, daß eine zwischenmenschliche Befriedigung durch eine zwischenmenschliche Frustration ersetzt wird.

Was das Kind bei seinem Spiel zu lernen versucht, ist von so ausschlaggebender Bedeutung, daß es bestimmte Fragen immer wieder neu stellen muß, um sich der Antwort sicher zu sein. Aus diesem Grund wiederholt es das Spiel mit solcher Ausdauer. Ohne sich dessen im geringsten bewußt zu sein, sucht es Antworten auf einige der tiefgründigsten philosophischen Fragen des Menschen: Gibt es so etwas wie „mich"? Wie kann ich mir meiner Existenz sicher sein? Kann *ich* etwas bewirken? Kann ich mich darauf verlassen, daß es in bezug auf die Welt und meine Person etwas wie Regelmäßigkeit, Dauer und Voraussagbarkeit gibt? Was hat die Welt mit mir vor? Alle diese Fragen werden gestellt und teilweise auch auf der Ebene beantwortet, die dem wachsenden Verständnis des Kindes für die Welt entspricht, das es sich durch sein Spiel und durch die Reaktion anderer auf dieses Spiel und auf sich selbst erwirbt.

Einige dieser Fragen hat es schon zuvor erforscht, wenn es die Augen schloß oder den Kopf wegdrehte und entdeckte, daß es Dinge unsichtbar machen konnte. Dies dürfte der erste Hinweis auf den grundsätzlichen Unterschied zwischen dem Ich und dem Nicht-Ich gewesen sein: Wenn es die Augen schloß oder den Kopf wegdrehte, veränderte es sich selbst nicht, aber das, was sich in seinem Blickfeld befunden hatte, verschwand. Deshalb besaß das keine Dauer, während es selbst sie besaß. Die Augen zu schließen und den Kopf wegzudrehen, sind daher wichtige Stufen auf dem Weg zur Trennung des „Ichs" vom „Nicht-Ich" und zur Formung des Ichs.

Da das Kind durch das Wegdrehen des Kopfes Dinge zum Verschwinden bringen kann, lernt es, den Kopf wegzudrehen, wenn es etwas Unangenehmes sieht und dessen Existenz nicht wahrhaben möchte. Wenn sich später die Sprache entwickelt, bildet sich aus dieser Reaktion der Begriff *Nein*. Daß dieses

Wegdrehen des Kopfs der Vorläufer von *Nein* ist, erkennt man darin, daß in unserer Kultur Kopfschütteln stets gleichbedeutend mit Neinsagen ist.

In seiner frühesten Form besteht das *Guck-Guck-Spiel* darin, daß jemand ins Gesichtsfeld eines anderen gerät und wieder daraus verschwindet, daß er in kurzen Abständen seine Augen bedeckt und wieder aufdeckt. Das Baby hat deshalb soviel Spaß daran, weil es entdeckt, daß der Mitspielende nicht verschwunden ist, auch wenn er zeitweise unsichtbar war. Auf einer fortgeschritteneren Stufe kommt das Sichnähern und Sichentfernen hinzu, und es entsteht das *Versteckspiel*. Bei diesem Spiel entdeckt das Kind das Wesen menschlicher Beziehungen: Noch bevor es in der Lage ist, es in Worte zu fassen, begreift es, daß – obwohl die anderen konstant und dieselben bleiben – wir uns ihnen nähern oder uns auch von ihnen entfernen können. Die Entdeckung, daß nicht nur das Kind selbst einen anderen verschwinden lassen kann, indem es den Kopf abwendet oder die Augen schließt, sondern daß auch der andere sich nach Belieben entfernen kann, ist eine der größten Enttäuschungen der frühen Kindheit, die das Kind durch eine Reihe von Spielen zu überwinden versucht.

Freud hat beschrieben, wie ein kleines Kind ein Spielzeug unters Bett schob, um es dann wieder hervorzuheben, und dies immer wieder in scheinbar endlosen Wiederholungen, wobei es ihm darum ging, sich zu überzeugen, daß Dinge, die verschwinden, nicht unbedingt für immer weg sind, sondern daß sie zurückkommen können, ja, daß das Kind sie selbst zurückholen kann. Diese spezielle Kindheitsangst ist durch die Abwesenheit der Mutter entstanden. Durch sein Spiel erwirbt sich das Kind die Gewißheit, daß auch die Mutter – genauso, wie sein Spielzeug verschwinden und dann wieder auftauchen kann – eine Zeitlang weggehen und dann wieder zu ihm zurückkommen kann. Ausschlaggebend bei diesem Spiel ist, daß das Kind einmal versucht, sich davon zu überzeugen, daß seine Mutter nicht für immer verschwunden ist, auch wenn es sie nicht sehen kann, und zum zweiten, daß es zwar das, was die anderen machen, nicht unter Kontrolle hat, daß dies aber nicht so verheerende Folgen haben muß, wie es zunächst befürchtete. Außerdem lernt es, daß es Ereignisse, die es selbst herbeigeführt hat, tatsächlich unter Kontrolle behalten kann und – was ebenso wichtig ist – daß ein Unterschied besteht zwischen Ereignissen, die es selbst herbeiführen konnte, und solchen, die außerhalb seiner unmittelbaren Einflußsphäre lagen. Wenn es auf erstere Einfluß nehmen konnte, nimmt das letzteren großenteils den Stachel. Noch viele andere selbsterfundene Spiele dienen ebenfalls der Erkundung und Rückversicherung.

Von diesen selbsterfundenen Spielen, die das Kind mit sich allein spielt, unterscheiden sich Spiele, die eine Mutter mit ihrem Baby spielt. Es ist dies die erste Einführung des Kleinkinds in seine Kultur und in den Prozeß der Kommunikation. Wenn die Mutter mit ihrem Baby *Guck-Guck* und *Wo ist das Baby* spielt, kommt der Augenblick, in dem das Kind anfängt zu begreifen, daß das Spiel der Kommunikation dient, und es spielt nun selber in diesem Sinn mit. Begeistert darüber, daß die Mutter das Spiel mit *ihm* spielt, weil sie *ihr Baby* liebt und möchte, daß es mitspielt, tut sie das. Damit beginnt der Kommunikationsprozeß, durch den das Kind den anderen – seine Mutter – und gleichzeitig sich selbst entdeckt. Diese Entdeckung bildet die Grundlage für unsere bewußten Interaktionen, wenn auch in ihrer rudimentärsten Form. Es ist die wesentliche Basis, auf der sich jede spätere Kommunikation aufbaut, da es die Beobachtung voraussetzt, daß eine Person sinnvoll mit einer anderen interagieren kann. Diese Gegenseitigkeit nimmt zwar bereits in der Still-Situation ihren Anfang, doch ist das, was sich dabei abspielt, noch weitgehend unbewußt. Beim

Guck-Guck-Spiel und ähnlichen Spielen zwischen Mutter und Kind wird die Gegenseitigkeit zum bewußten Erlebnis. Der glückliche Gesichtsausdruck des Babys und die fröhlichen Laute, die es von sich gibt, machen der Mutter zusätzlichen Spaß und motivieren sie, das Spiel mit noch größerer Begeisterung fortzusetzen. Das Kind merkt, daß sein Verhalten die Ursache ist und daß es seiner Mutter etwas mitgeteilt hat – etwas, worauf sie geantwortet hat, und zwar so, wie es sich das wünscht.

Wie wichtig ein solches Spiel für die Ausbildung des Selbstwertgefühls ist, erkannte ich bei einem achtjährigen autistischen Mädchen. Wie so oft, ermöglichte die schwere Pathologie ihres Falls, ein Phänomen zu beobachten, das man auch bei normalem Verhalten feststellen kann, jedoch hier wie unter einem Mikroskop oder unter grellem Scheinwerferlicht. Das Mädchen hatte praktisch sein ganzes Leben lang nicht gesprochen. So sehr man sich um sie bemühte, ließ sie niemanden körperlich oder mit Worten an sich herankommen und reagierte überhaupt nicht auf ihre Umwelt. Sie wies alle Bemühungen zurück, mit ihr in Kontakt zu kommen. Wenn sich ihr jemand näherte, war ihre Reaktion ein zorniges, erschrecktes Zurückweichen.

Es dauerte länger als ein Jahr, in dem wir ihren Wunsch, in Ruhe gelassen zu werden, sorgsam respektierten, während wir uns die ganze Zeit Mühe gaben, sie zärtlich und liebevoll zu umsorgen, bis sie endlich ihre völlige Isolierung ein wenig aufgab und gelegentlich eine Annäherung zuließ, wenn sie auch immer noch nicht sichtbar darauf reagierte. Unter all den verschiedenen Annäherungsversuchen, mit denen wir an sie heranzukommen versuchten, reagierte sie schließlich nur auf einen: auf ein einfaches Spiel, das Merkmale des *Versteckspiels* und des Spiels *Wo ist das Baby* enthielt und bei dem ich eifrig „suchte" und meiner Freude Ausdruck verlieh, wenn ich sie fand. Obwohl sie die ganze Zeit über sichtbar war, gab ich eine Zeitlang vor, sie nicht zu sehen, so daß ich mich freuen konnte, wenn ich sie „entdeckt" hatte. Schließlich versteckte sie sich tatsächlich hinter einem Vorhang und lugte sogar hervor, wobei sie das nachahmte, was ich unzählige Male mit meinem Suchspiel getan hatte. Als wir dieses Spiel eine Zeitlang gespielt hatten, erlaubte sie mir, sie zärtlich an mich zu drükken. Daraufhin gab ich meiner Freude, sie gefunden zu haben, noch lauteren Ausdruck – und meine Freude darüber war ja auch groß und echt, besonders darüber, daß sie den engen körperlichen Kontakt zugelassen hatte, ohne sofort zurückzuschrecken. Wir spielten dieses Spiel immer wilder, und sie ließ sich auch weiterhin umarmen. Als ich sie eines Tages so in den Armen hielt, sprach sie zum erstenmal einen ganzen Satz – den ersten Satz ihres Lebens –, sie sagte nur, was sie von mir wollte.

Dieses kleine amerikanische Mädchen, das zur psychoanalytischen Behandlung zu uns nach Wien gebracht worden war, hatte bis zu dem Zeitpunkt bereits anderthalb Jahre mit uns zusammengelebt. Da sie nicht sprach, hätte es keinen Sinn gehabt, mit ihr und in ihrer Gegenwart Englisch zu reden. So kam es, daß sie, seit sie in Wien war, nur deutsch angeredet worden war und nur Deutsch gehört hatte. Trotzdem sagt sie ihren ersten Satz in perfektem Englisch: *„Give me the skeleton of Washington"* (Geben Sie mir Washingtons Leiche). Die Tragödie ihres Lebens bestand darin, daß der Vater unbekannt war, und zwar nicht nur ihr, sondern aufgrund sehr seltsamer Umstände auch ihrer Mutter. Diese hatte aus diesem Grund das Kind abzutreiben versucht, und zwar im vierten Monat, weil sie erst da bemerkte, daß sie schwanger war.

Nach der Geburt wünschte sie, das Kind wäre nie geboren worden, damit es nicht – so sah sie es in dieser Zeit – ihr Leben zerstöre. Erst als das Mädchen fünf Jahre alt war, bekam sie ein schlechtes Gewissen und versuchte alles, ihrem Kind zu helfen. Ihre verzweifelten Bemühungen, sie von den besten Fachkräften der Vereinigten Staaten behandeln zu lassen, scheiterten, und der Fall wurde für hoffnungslos erklärt. So kam sie schließlich nach Wien, und Anna Freud sagte ihr, nur in einer psychoanalytisch orientierten Umgebung bestünde noch Hoffnung für ihre kleine Tochter. Meine Frau und ich boten ihr diese Umgebung. Es bleibt ein Rätsel, wie das Kind es erfahren hat, daß ihre Schwierigkeiten daher rührten, daß es nicht wußte, wer sein Vater war. Aber in ihrem ersten Satz sagte sie, daß sie einen Vater brauche, und da sie ein amerikanisches Kind war, das keinen eigenen Vater hatte, konnte sie als Lösung ihres Problems nur an die Vaterfigur ihres Heimatlandes denken. Da ihr unbekannter Vater das streng gehütete Familiengeheimnis war, das man im Englischen als *„skeleton in the cupboard"* (auf deutsch: Leiche im Keller) bezeichnet, bat sie um Washingtons Leiche.

Zu beachten ist dabei, daß die Kleine, als sie mir sagte, was sie von mir haben wollte, nicht nur zum erstenmal in ihrem Leben sprach, sondern daß sie es in einem vollständigen Satz tat, daß sie dabei das Personalpronomen „mir" benutzte und mich mit meinem Namen ansprach. Das ist deshalb bemerkenswert, weil autistische Kinder, selbst nachdem sie zu sprechen anfangen, keine Personalpronomen benutzen. Danach gab sie das Sprechen nie mehr ganz auf, wenn sie sich auch noch geraume Zeit nur selten der Sprache bediente.

Dieses Mädchen, das bis dahin jeden Kontakt mit der Außenwelt verweigert hatte, gelangte dadurch zu einem rudimentären Ich, daß es *Guck-Guck* spielte, dabei den Mitspieler erkannte und ihm etwas mitteilte, was von größter Bedeutung für es war. Durch das *Guck-Guck*-Spielen und das andere Spiel, bei dem ich sie „suchte", merkte sie, daß *sie* es war, die sich versteckte, daß *sie* es war, die gesucht und gefunden wurde. Diese Spiele ermöglichten es ihr, sich selbst und gleich-

zeitig die Welt anderer Menschen zu finden. Durch das Spiel
hatte sie Anschluß an die Welt gefunden. Und durch das Spiel
konnte sie auch hoffen, das zu bekommen, was sie so verzweifelt brauchte.

Man erwirbt dieses Selbstwertgefühl, und man erlebt, daß
man mit anderen Menschen in Verbindung treten kann, durch
das Spielen so einfacher Spiele aber diese dienen außerdem
noch einem anderen wichtigen Zweck. Sie lehren das Kind,
daß selbst dann, wenn es seine Mutter vorübergehend aus den
Augen verliert, diese Unterbrechung des visuellen Kontakts
noch nicht bedeutet, daß auch der emotionale Kontakt unter-
brochen ist. Das verzweifelte Suchen der Mutter beim Spiel
Wo ist das Baby und ihr Entzücken darüber, es gefunden zu haben, zeigen deutlich, daß „aus den Augen" keinen Augenblick
lang „aus dem Sinn" bedeutet, sondern daß ganz im Gegenteil
die Sehnsucht nach dem Kind bei der Mutter noch größer
wird, wenn sie es aus den Augen verloren hat. Es liefert ihm
die dringend benötigte Sicherheit, daß der Kontakt nicht verlorengehen wird, was auch immer geschehen mag. Kraft dieses
Wissens lernt das Kind, daß es sich nicht immer an Mutters
Schürzenband hängen muß, daß es sie ohne Gefahr auch eine
Zeitlang aus den Augen verlieren kann. Und die Freude der
Mutter, wenn sie ihr Kind findet, und dessen Freude, gefunden
zu werden, geben dem Wagnis, sie zu verlassen oder ihr zu er-
lauben, einen Augenblick unsichtbar zu bleiben, eine positive
Dimension.

Wie das *Guck-Guck-Spiel* dem Kind die Sicherheit gibt, daß
es nicht verlorengehen und vergessen werden wird, so werden
auch noch andere Ängste durch Spiele gemildert, die ihm die
Integrität und Wichtigkeit aller Teile seines Körpers demonstrieren. Hierher gehören zum Beispiel Spiele, bei denen man
die Zehen oder Finger berühren und benennen muß (Beispiel
im Deutschen: „Daumen: Dieses ist das große Schwein, dick

und fett und ganz allein. (Zeigefinger): Dieses ist das stolze Pferd, groß und stark und sehr begehrt." Usw.) Diese Spiele zeigen dem Kind, daß sein Körper intakt ist, daß nichts daran fehlt oder übersehen werden könnte. Noch wichtiger ist, daß sie ihm die Sicherheit geben, daß die verschiedenen Teile seines Körpers für seine Mutter von emotionaler Bedeutung sind. Spiele, bei denen das Kind – wie zum Beispiel beim *Versteckspiel* – eine aktivere Rolle spielt, beschwichtigen nicht nur die Angst vor dem Verschwinden, sie helfen ihm auch, sich selbst und die Welt zu meistern. Das *Versteckspiel* ist eines der ältesten und verbreitetsten Spiele der Menschheit. Dabei geht es darum, den Mitspieler zu suchen. Das überzeugt diesen davon, daß er nicht vergessen wird, auch wenn er nicht zu sehen ist, und daß es für alle Beteiligten wichtig ist, ihn zu finden, weil das Spiel – und im übertragenen Sinn das Leben – ohne ihn nicht weitergehen könnte. Eine solche Würde und Sicherheit kann ein „simples" Spiel den Teilnehmern verleihen.

Aggressive Spiele – was tun?

Das Spiel ist für Kinder von großer Bedeutung. Trotzdem werden kluge Eltern nicht versuchen, ein sorgfältig aufgebautes Spielprogramm für ihr Kind zusammenzustellen. Das Spiel muß unbedingt spontan sein und von innen her kommen, sonst geht ein großer Teil seines Wertes verloren. Ich möchte das deshalb so besonders betonen, weil die unbewußte Bedeutung des Spiels so oft mißverstanden wurde und gewisse, aus der Verwendung des Spiels in der Kindertherapie gewonnene Einsichten falsch angewandt wurden, so daß es für Erwachsene nur noch schwieriger geworden ist, das Spiel so ernst zu nehmen, wie man es nehmen muß, wenn man das Kind von seinem eigenen Standpunkt aus verstehen will. So kann es zum Beispiel bei der psychotherapeutischen Behandlung eines Kindes vorkommen, daß es aufgefordert wird, eine Spielzeugpistole auf eine Figur abzuschießen. Dies geschieht entweder, um seinen Aggressionen ein Ventil zu verschaffen oder um deren Ursache und Ziel zu entdecken. Aber das spielt sich in Gegenwart eines Erwachsenen ab, der als Therapeut tätig ist, und es handelt sich um eine therapeutische „Als-ob"-Situation. Wenn dagegen ein Vater oder eine Mutter ihr Kind in einer normalen Spielsituation auffordert, auf jemand anders oder gar auf sie selbst zu schießen, so ist das ein Fehler, weil sie dann das Spiel des Kindes nicht ernst genug nehmen. Wenn sie es ernst nehmen würden, anstatt nur so zu tun, ohne sich Gedanken darüber zu machen, worum es bei dem Spiel geht, könnten sie kaum eine so eindeutige Demonstration von Aggressionen gegen andere oder gar gegen sich selbst ermutigen.

Aber diese Warnung bezieht sich nur darauf, daß wir das

Kind nicht dazu ermutigen sollen. Wir können ihm ruhig eine Spielzeugpistole geben, die *es selbst* nach eigenem Belieben oder Gutdünken benutzen kann, sei es zu seinem Schutz oder bei einem aggressiven Spiel. Wenn wir ihm die Pistole geben, erteilen wir ihm damit die Erlaubnis, sie nach Gutdünken zu benutzen, wann und wie es sich das wünscht und es für notwendig hält – mehr aber auch nicht. Noch wichtiger ist jedoch, daß wir ihm damit unser Vertrauen bekunden, daß es sie auf zweckmäßige Weise, ja, sogar vernünftig benutzen wird, so wie es das von seinem Standpunkt aus beurteilt.

Übrigens gilt das für alle Spielsachen, die wir dem Kind in die Hand geben. Damit, daß wir sie ihm schenken, sollten wir lediglich dokumentieren, daß wir einverstanden sind, daß es damit spielt. Wir sollten sie ihm niemals deshalb schenken, weil wir möchten, daß es damit spielt oder daß es damit so spielt, wie es der Hersteller vorgesehen hat. Eine solche Einstellung würde dem Spiel nicht nur seine Spontaneität rauben, was schon schlimm genug wäre, wir würden damit das unter Kontrolle halten, was dem Kind die Möglichkeit geben soll, sich seiner Freiheit zu versichern und etwas selbst in die Hand zu nehmen.

Kinder haben das Bedürfnis, sich von ihren Aggressionen wenigstens im Spiel symbolisch zu befreien, und dazu genügt es, daß wir ihnen Spielsachen in die Hand geben, die sich dazu eignen. Wenn wir ein Kind anspornen, aggressiv zu spielen, üben wir damit – wenn auch auf subtile Weise – eine Kontrolle aus, womit wir höchstwahrscheinlich seine Frustration oder seine Aggression und damit auch sein Bedürfnis nach einer Entladung noch vergrößern, anstatt es davon zu befreien. Wenn sich sein aggressives Spiel andererseits gegen uns richtet – was immerhin möglich ist, wenn auch vielleicht aus keinem anderen Grund, als daß es herausfinden möchte, wie wir darauf reagieren, und nicht, weil es uns verletzen will, nicht eimal im Spiel – und wenn wir nicht richtig darauf reagieren, dann geben wir ihm zu verstehen, daß wir weder es selbst noch seine Aggression wirklich ernst nehmen. Wenn wir uns dagegen von Anfang an sagen: „Es soll ruhig seine Aggressionen abreagieren" und dann versuchen, sein Vorgehen als harmlos hinzustellen („Auch wenn du mich gerade totgeschossen hast, macht das nichts"), dann zerstören wir mit dieser Einstellung die ernsten Aspekte, die das Spiel für das Kind hat.

Aber sollten die Eltern „zurückschießen", wenn das Kind auf sie „schießt"? Ganz gewiß nicht! Die Gegenaggression eines Erwachsenen – im Spiel oder im Ernst – hat sich noch nie für das Kind als gut erwiesen. Trotzdem hilft es ihm auch nicht weiter, wenn wir zulassen, daß es uns „totschießt", ohne entsprechend darauf zu reagieren. Natürlich sollten wir nicht auf das, was das Kind tut, sondern auf seine Absichten reagieren. Nur wenn wir unverzüglich feststellen, was sein Motiv war, können wir entscheiden, ob es die beste Reaktion wäre, sein tapferes Vorgehen zu bewundern – was es für ein tapferer Krieger ist! –, oder uns auf dramatische Weise auf den Boden fallen zu lassen oder Angst zu bekunden oder auch das Kind zu fragen, wie es wohl zurechtkommen wolle, wenn wir nicht mehr vorhanden sind. Übrigens kann eine Frage wie diese, wenn sie im richtigen Moment gestellt wird, das Kind viel besser davon überzeugen, daß Schießen und Töten sein Wohlergehen gefährden würde, als theoretische Diskussionen über das Unheil von Krieg und Gewalt. Das kommt daher, daß das Kind in der unmittelbaren Gegenwart und innerhalb des arg begrenzten Bereichs seiner direkten Erfahrung lebt. Kriege, selbst die, welche es im Fernsehen sieht, spielen sich in weiter Ferne ab und haben für das Kind keine Bedeutung, die es begreifen könnte. Und wenn es uns gelingen sollte, ihm die tragischen Folgen eines Krieges klarzumachen, wäre die unmittelbare Wirkung ein überwältigendes Gefühl der Hilflosigkeit. Schließlich ist das Kind ja klug genug, um sich ausrechnen zu können, daß es selbst keinen Einfluß darauf hat, was irgendwo in der Welt vorgeht. Aber auf seine Eltern zu schießen, ist etwas, was das Kind unter seiner Kontrolle hat und was es effektiv beeinflussen kann. Fast jedes Kind ist sich, auch wenn es noch so zornig auf Vater oder Mutter ist und sie im Augenblick noch so gerne los wäre, doch darüber klar, daß es sie nicht für immer verlieren möchte. Kinder wissen sehr gut, wie notwendig sie die Fürsorge und den Schutz ihrer Eltern brauchen und wie schwer sie darunter zu leiden hätten, wenn die Eltern es ihnen heimzahlten oder wenn sie für immer verschwinden würden.

Die Nächstenliebe beginnt zu Hause, und das gilt auch für das Erlernen der Folgen der Aggression. Ein Kind lernt, daß es falsch ist, auf andere Leute zu schießen und sie zu töten, wenn es im Spiel auf seinen Vater oder seine Mutter geschossen hat und hinterher von ihnen gefragt wird, wer ihm nun wohl seine Milch einschenken oder im Laden ein Eis kaufen wird. Eine solche Frage kann ein Kind besser von der Notwendigkeit überzeugen, seine Aggressionen im eigenen Interesse unter Kontrolle zu halten, als eine abstrakte Schilderung der Greuel des Krieges es tun könnte. Wenn man ihm sagt, sein Vorhaben – mit einer Pistole zu schießen – sei unrecht, dann ärgert und frustriert es das, und es gerät in die Defensive. Beim Lernen kommt aber dann etwas Positives heraus, wenn es sich auf die eigenen Erfahrungen gründet und das Kind einsieht, daß Eltern, die es totgeschossen hat, ihm bestimmt nichts mehr nützen können.

Aber wie Eltern auf das „Totgeschossenwerden" auch immer reagieren, sie müssen das Spiel ernst nehmen und dürfen nicht mit guten Ermahnungen oder Gegenaggression darauf reagieren. Wenn Kinder andererseits im Spiel aufeinander schießen, ist die Gegenaggression eine ihrem Alter entsprechende Reaktion, die kaum Schaden anrichtet und vielleicht sogar in gewisser Weise gut ist. Während das Kind seinen Aggressionen Luft machen kann, wenn es auf seine Spielkameraden schießt, sammeln sich in ihm neue Ängste an, wenn die andern Kinder auf es schießen. So kann es schließlich zur Einsicht gelangen, daß jeder verliert, wenn alles erlaubt ist, weil dann der Schütze auch die Zielscheibe ist. Diese wichtige Lektion verfehlt jedoch ihre Wirkung, wenn Erwachsene, im Bestreben, „kein Spielverderber" zu sein, sich von den imaginären Kugeln ihres Kindes durchlöchern lassen, ohne entsprechend darauf zu reagieren.

Es gibt Erwachsene, die auf derartige Schießspiele übertrieben reagieren. Eltern, die diesen Fehler machen, haben meist eher Schwierigkeiten mit ihren eigenen Aggressionen, als daß sie sich Gedanken darüber machen, wie sie ihrem Kind helfen könnten, im Spiel seine Aggressionen loszuwerden, ohne sie lediglich zu verdrängen. Dies gilt auch für die Sexualangst oder für andere Arten von Ängsten, mit denen Kinder durch Schießspiele fertigzuwerden versuchen. Wenn man sie ihnen verbietet, blockiert man damit ein sicheres und notwendiges Ventil. Außerdem erhält das Kind dann nicht die wertvolle Lektion, daß die andern zurückschießen, wenn man sie zu erschießen versucht, und daß deshalb keiner einen Gewinn davon hat.

Es gibt Eltern, die Krieg und Gewalttätigkeit so sehr verabscheuen, daß sie ihren Kindern jedes Spiel mit Pistolen, Soldaten, Panzern und überhaupt allen Spielsachen, die Kriegsgeräte darstellen, am liebsten ganz verbieten würden. Dieser Abscheu vor der Gewalt ist zwar durchaus verständlich, aber wenn Eltern die Schießspiele ihres Kindes – ohne Rücksicht darauf, aus welchem Grund es sich damit beschäftigt – verbieten oder scharf kritisieren, dann haben sie dabei nicht das Wohl des Kindes im Auge, sondern allein ihre eigenen Bedenken und Ängste. Manche Eltern fürchten sogar, ihr Kind könnte später ein Killer werden, wenn es Freude an solchen Spielen hat. Solche Gedanken sind völlig abwegig und nicht ungefährlich.

Erstens sagt das Schießen mit Spielzeugpistolen genausowenig darüber aus, was aus dem Kind später einmal werden wird, wie das Spielen mit Bauklötzchen ein Hinweis darauf ist, daß ein Architekt aus ihm wird. Zweitens ist vernünftigerweise zu erwarten, daß das Kind durch seine Schießspiele das Gefühl bekommt, daß es sich selbst schützen kann und es auf diese Weise einen großen Teil seiner Aggressionen los wird, die später weniger Anlaß zu dann gefährlicheren Entladungen geben könnten. Schießspiele liefern Ventile für angehäufte Frustrationen und können sie daher reduzieren. Das Kind kann seine aggressiven und feindseligen Gefühle auf diese Weise leichter unter Kontrolle bekommen, als wenn seine Eltern ihre Entladung verhindern und ihre auf symbolische Weise bewirkte Reduzierung unmöglich machen.

Da es bei Gewalttätigkeit darum geht, Aggressionen entweder unter Kontrolle zu halten oder zu entladen, sollten Eltern – ganz gleich, ob Gewalt für sie ein Problem ist oder nicht – alles in ihrer Macht Stehende tun, um zu verhindern, daß ihr Kind sich frustriert fühlt oder feindselige Gefühle sich in ihm aufstauen. Da es nicht möglich ist, Kinder vollständig davor zu schützen – denn das ganze Leben, insbesondere das von Kindern, ist voller Frustrationen –, kann man nur versuchen, nicht dadurch noch neue hinzuzufügen, daß man dem Kind ein Spiel verbietet, das es gern spielen möchte.

Drittens ist das bei weitem folgenschwerere Problem die Einstellung der Eltern, deren offen ausgesprochene oder unausgesprochene Angst, ihr Kind könne ein gewalttätiger Mensch werden. Dieser Gedanke ist für das emotionale Wohlbefinden des Kindes und für sein Selbstwertgefühl weit schädlicher, als das Spielen mit Pistolen es je sein kann. Das kommt vor allem daher, daß es für das Kind so außerordentlich wichtig ist, was seine Eltern von ihm halten. Schließlich gewinnt es in erster Linie durch sie eine bestimmte Meinung über sich selbst. Ihre schlechte Meinung kann einen heftigen Zorn auf sie und die ganze Welt in ihm entfachen, wodurch seine Neigung, seinen Zorn auszuagieren, noch verstärkt wird, und zwar nicht nur im symbolischen Spiel, sondern in der Realität, nachdem der Betreffende der elterlichen Kontrolle entwachsen ist. Das Kind weiß, daß es mit Pistolen spielen möchte, und wenn seine Eltern meinen, das ließe auf einen künftigen Verbrecher schließen, kann das dazu führen, daß das Bild, das sich das Kind jetzt oder in Zukunft von sich selber macht, schwer verzerrt wird. Wie uns das Beispiel Goethes zeigt, hat das Bedürfnis des Kindes, seine Aggressionen loszuwerden, wenig mit Krieg oder auch nur mit Gewalt auf der Straße zu tun. Meist geht es um Familienprobleme, wie Eifersucht auf seine Geschwister oder Zorn auf die Eltern. Deshalb ist es viel besser, einem Kind die Möglichkeit zu geben, seinen Zorn symbolisch auf Dritte zu entladen – etwa auf andere Kinder, mit denen es *Räuber und Gendarm* spielt –, als daß man es zwingt, seinen Zorn zu verdrängen. Wenn man ihm kein Ventil dafür läßt, wird er weiter in ihm schwelen.

Auch Mädchen leiden, genau wie Jungen, unter allen möglichen Frustrationen, deshalb würde es auch ihnen guttun, wenn sie diesem Zorn im symbolischen Spiel, wie zum Beispiel mit Pistolen, Luft machen könnten. Außerdem würden sie sich nicht auch noch dadurch frustriert fühlen, daß ihnen eine wichtige Art von Spiel vorenthalten wird, während Jungen sich damit beschäftigen dürfen. Wenn auch sie mit Pistolen spielen dürften, würden auch sie sich damit Luft machen. Sie hätten nicht das Gefühl, daß Jungen in dieser Beziehung Mädchen gegenüber im Vorteil sind.

Oft möchte ein Kind hauptsächlich deshalb mit Spielzeugpistolen spielen, weil es sich symbolisch damit schützen möchte.

Wenn seine Eltern es daran hindern, bekommt es das Gefühl, daß gerade die, die seine natürlichen Beschützer sein sollten, es einer Bedrohung aussetzen. Und wenn die Eltern ernsthaft befürchten, es könnte ein Verbrecher aus ihm werden, weil es sich so normale Dinge wünscht, wie am Leben zu bleiben, seine feindseligen Gefühle loszuwerden und seine Aggressionen im Spiel auszutoben, wenn solche Eltern ihm dann nicht nur solche Spiele, sondern sogar den Wunsch danach verbieten, dann wird dieses Verbot zu einem verheerenden Angriff auf die Persönlichkeit des Kindes.

Nachdem bereits soviel darüber gesagt wurde, daß Eltern symbolische Spiele, die in der Auseinandersetzung des Kindes mit seinen inneren Nöten eine so wichtige Rolle spielen, nicht verbieten sollten, möchte ich noch einmal betonen, daß es keinen Zweck hat, Kindern irgendein Spiel aufzudrängen oder sie gar aufzufordern, etwa mit einer Spielzeugpistole oder anderem Kriegsgerät zu spielen. Ob und wann sie damit spielen wollen, sollte man Mädchen wie Jungen völlig selbst überlassen. Wenn sie jedoch damit spielen wollen, sollten wir das als ein Spiel akzeptieren, das ihnen in diesem Augenblick wichtig ist und das über ihre Zukunft nichts sagt. Wie stets ist es auch in diesem Fall das Wichtigste für das gegenwärtige und zukünftige Wohlbefinden des Kindes, daß seine Eltern fest überzeugt sind, es sei – was es auch immer im Augenblick spielen mag – ein wertvoller Mensch, und es werde dies auch als Erwachsener sein. Das wird das Kind mehr als alles andere innerlich so sicher machen, daß es kaum den Drang verspüren wird, sich gegen andere aggressiv zu verhalten.

III. Die Welt der Phantasie

Märchen und Phantasie

Das kleine Kind verfügt über eine rasch anwachsende Sammlung oft ungeordneter und nur teilweise integrierter Eindrücke: einige richtig gesehene Aspekte der Realität, aber noch viel mehr völlig von der Phantasie beherrschte Elemente. Die Phantasie füllt die großen Lücken im Verständnis des Kindes aus, die auf der Unreife seines Denkens und seinem Mangel an Sachinformation beruhen. Andere Verzerrungen sind Folgen der inneren Spannungen, die dazu führen, daß das Kind seine Wahrnehmungen mißdeutet.

Die Phantasie des normalen Kindes entzündet sich an einem mehr oder weniger richtig beobachteten Ausschnitt aus der Wirklichkeit, der so starke Sehnsüchte oder Ängste auslösen kann, daß sich das Kind davon überfluten läßt. Die Dinge verwickeln sich in seinem Gemüt oft so sehr, daß es sie nicht mehr entwirren kann. Ordnung ist aber notwendig, wenn das Kind von seinem Ausflug in die Phantasie nicht geschwächt, sondern gestärkt zur Realität zurückkehren soll.

Die Märchen, deren Fortschreiten dem kindlichen Denken gleicht, helfen dem Kind dadurch, daß sie aufzeigen, daß und wie eine größere Klarheit aus all diesen Phantastereien erwächst. Gewöhnlich beginnen die Märchen – wie das Kind in seinen Phantasien auch – ganz realistisch: Eine Mutter schickt ihre Tochter ganz allein zu einem Besuch bei der Großmutter („Rotkäppchen"), Eltern können ihren Kindern nicht mehr genug zu essen geben („Hänsel und Gretel"), ein Fischer wirft das Netz aus und fängt keine Fische („Der Fischer und der Dämon"). Die Geschichte beginnt also mit einer realen, aber einigermaßen problematischen Situation.

Ein Kind, das den verwirrenden Alltagsproblemen und -ereignissen gegenübersteht, wird geschult, das Wie und Warum solcher Situationen zu begreifen und nach Lösungen zu suchen. Da seine Rationalität sein Unbewußtes aber noch kaum beherrscht, läuft seine Phantasie unter dem Druck seiner Emotionen und ungelösten Konflikte mit ihm davon. Die noch kaum entwickelte Fähigkeit, vernünftig zu überlegen, wird bald von Ängsten, Hoffnungen, Befürchtungen, Sehnsüchten, Liebe und Haß erstickt, und diese Emotionen verweben sich mit allem, was das Kind bedenkt.

Das Märchen kann zwar vom psychologischen Zustand des Kindes – zum Beispiel dem Gefühl der Benachteiligung gegenüber Geschwistern wie bei „Aschenputtel" – ausgehen, setzt aber nie die Lebensumwelt des Kindes an den Anfang. Kein Kind muß wie Aschenputtel in der Asche sitzen oder wird wie Hänsel und Gretel im tiefen Wald alleingelassen; einer der Zwecke des Märchens ist es, Trost zu spenden, und eine solche Ähnlichkeit würde dem Kind nur Angst einjagen.

Ein Kind, das mit Märchen vertraut ist, weiß genau, daß sie sich in der Sprache der Symbole und nicht in der Sprache der alltäglichen Wirklichkeit ausdrücken. Das Märchen vermittelt mit seinem Beginn, seiner Handlung und seinem Schluß die Überzeugung, daß das, was wir erfahren, weder harte Tatsachen noch wirkliche Personen und Orte sind. Für das Kind werden wirkliche Ereignisse wichtig durch die symbolische Bedeutung, die es ihnen beilegt oder in ihnen findet.

„Es war einmal", „In einem andern Land", „Vor tausend und mehr Jahren", „Zu der Zeit, als die Tiere noch redeten", „In einem alten Schloß mitten in einem großen, tiefen Wald" – solche Anfänge deuten darauf hin, daß das Folgende nicht dem Hier und Jetzt, das wir kennen, angehört. Diese absichtliche Verschwommenheit der Märchenanfänge symbolisiert, daß wir die gewöhnliche Wirklichkeit verlassen. Die alten Schlösser, die dunklen Höhlen, die verschlossenen Zimmer, die man nicht betreten darf, die undurchdringlichen Wälder weisen darauf hin, daß etwas, das normalerweise verborgen bleibt, enthüllt werden wird. Aus dem „Vor alten Zeiten" geht hervor, daß wir von archaischen Geschehnissen hören werden.

Die Brüder Grimm hätten ihre Märchensammlung mit keinem anderen Satz beginnen lassen können, der so vielsagend wäre wie der erste Satz des ersten Märchens, „Der Froschkönig": „In den alten Zeiten, wo das Wünschen noch geholfen hat, lebte ein König, dessen Töchter waren alle schön, aber die jüngste war so schön, daß die Sonne selbst, die doch so vieles gesehen hat, sich verwunderte, sooft sie ihr ins Gesicht schien." Dieser Anfang verlegt die Geschichte in eine einmalige Märchen-Zeit, die archaische Periode nämlich, in der wir glaubten, unsere Wünsche könnten unser Schicksal ändern, und in der wir in unserer animistischen Weltsicht sicher waren, die Sonne nehme Kenntnis von uns und reagiere auf Ereignisse. Die überirdische Schönheit der Königstochter, die Macht des Wünschens und das Verwundern der Sonne bezeichnen die absolute Einmaligkeit dieses Geschehnisses. Diese Koordinaten versetzen die Geschichte nicht in Raum und Zeit der äußerlichen Wirklichkeit, sondern in den Gemütszustand der geistig Jungen. Dort vermag das Märchen diesen Geist besser zu fördern als jede andere Literaturgattung.

Bald geschehen Dinge, aus denen hervorgeht, daß die normale Logik und das Gesetz von Ursache und Wirkung aufgehoben sind, wie es auch für die Vorgänge in unserem Unbewußten zutrifft, wo uralte, einmalige und überraschende Begebenheiten stattfinden. Der Inhalt des Unbewußten ist sowohl zutiefst verborgen als auch zutiefst vertraut, er ist dunkel und zwingend, er bewirkt nicht nur die quälendsten Ängste, sondern auch die größten Hoffnungen. Er ist nicht an eine bestimmte Zeit, einen bestimmten Ort oder eine logische Folge der Ereignisse gebunden, wie sie von unserer Rationalität definiert werden. Ohne daß wir es merken, versetzt uns das Unbewußte in unsere früheste Lebenszeit zurück. Die seltsamen, uralten, weit entfernten und doch höchst vertrauten Orte, von denen das Märchen spricht, lassen auf eine Reise in die Tiefe unseres Gemüts, in das Reich des Unbewußten schließen.

Von seinem schlichten, fast beiläufigen Anfang schreitet das Märchen zu phantastischen Begebenheiten fort. So groß aber die Umwege – im Gegensatz zum ungeschulten Geist des Kindes oder zum Traum – auch sein mögen, bricht doch der rote Faden nicht ab. Nachdem die Geschichte das Kind in eine wundersame Welt geführt hat, bringt sie es auf höchst tröstliche Weise in die Wirklichkeit zurück. Daraus lernt das Kind, was es auf dieser Entwicklungsstufe unbedingt erfahren muß: Es ist nicht schädlich, wenn man der Phantasie erlaubt, daß sie einen eine Zeitlang gefangennimmt, wenn man nur nicht für immer in ihr verstrickt bleibt. Am Ende der Geschichte kehrt der Held in die Wirklichkeit zurück – in eine Wirklichkeit voller Glück, aber ohne Zauber.

Wie wir von unseren Träumen erfrischt erwachen und besser imstande sind, den Aufgaben der Realität zu begegnen, so ist auch der Märchenheld, der am Schluß der Geschichte in die reale Welt zurückkehrt oder ihr zurückgegeben wird, viel eher fähig, das Leben zu meistern. Die neuere Traumforschung hat ergeben, daß ein Mensch, der zwar schläft, aber nicht träumt, trotzdem in seinem Vermögen, die Realität zu bewältigen, beeinträchtigt wird; er wird emotional gestört, weil ihm versagt wird, seine unbewußten Probleme in Träumen durchzuarbeiten. Vielleicht wird in Zukunft einmal auf experimentellem Wege das gleiche für das Märchen bewiesen: daß Kinder beeinträchtigt werden, wenn man ihnen vorenthält, was das Märchen zu bieten hat, nämlich Hilfe zur Aufarbeitung unbewußter Spannungen in der Phantasie.

Wenn die Träume des Kindes so kompliziert wie die des normalen, intelligenten Erwachsenen wären und einen ebenso vielschichtigen latenten Inhalt hätten, wäre das Märchen für das Kind nicht so notwendig. Wenn andererseits ein Erwachsener als Kind nicht mit Märchen vertraut gemacht wurde, sind seine Träume möglicherweise weniger inhaltsreich und bedeutungsvoll und tragen daher nicht so viel zur Regeneration seiner Fähigkeit, das Leben zu meistern, bei.

Das Kind, das soviel unsicherer ist als der Erwachsene, braucht die Bestätigung, daß es kein Mangel und kein Versagen ist, wenn es danach verlangt, sich in Phantasien zu ergehen, oder damit nicht aufhören kann. Wenn Eltern ihrem Kind ein Märchen erzählen, geben sie ihm einen wichtigen Beweis dafür, daß sie die inneren Erfahrungen des Kindes, wie sie im Märchen verkörpert sind, für lohnend, legitim und in gewisser Weise sogar für „real" halten. Daraus zieht das Kind die stillschweigende Forderung, selbst real und bedeutsam zu sein. Ein solches Kind empfindet später im Leben wohl wie Chesterton, der schrieb: „Meine erste und letzte Philosophie, auf die ich mich mit ungebrochener Sicherheit verlasse, habe ich in der Kinderstube gelernt. ... Woran ich damals am unbedingtesten glaubte, woran ich jetzt noch am unbedingtesten glaube, das sind die Märchen." Die Philosophie, die jedes Kind wie Chesterton aus den Märchen ableiten kann, lautet: „Das Leben ist nicht nur ein Vergnügen, sondern eine Art ausgefallenes Privilegium." Diese Lebensauffassung unterscheidet sich von der, die durch „wirklichkeitsgetreue" Geschichten vermittelt wird; sie ist eher geneigt, im Zusammenprall mit den Härten des Lebens vor Mutlosigkeit zu schützen.

Das Kapitel in Chestertons Werk *Das Abenteuer des Glaubens – Orthodoxie,* aus dem die Zitate stammen, ist überschrieben: „Die Ethik des Märchenlandes". Darin betont er die dem Märchen eigene Moral: „Da ist etwa die ritterliche Lehre vom

‚Riesentöter'; daß Riesen um ihrer Riesenhaftigkeit willen umgebracht werden sollten. Das ist eine männliche Auflehnung
gegen den Stolz an sich ... Da ist die Lehre vom Aschenbrödel,
dieselbe wie die des Magnificat – er erhebt die Niedrigen. Da
ist die bedeutende Lehre aus dem ‚Nußzweiglein', daß man etwas lieben muß, bevor es liebenswert ist ... Ich befasse mich
mit einer bestimmten Art der Lebensauffassung, die mir durch
die Märchen entstanden ist ..." Wenn er sagt, Märchen seien
völlig vernünftige Dinge, spricht Chesterton von ihnen als von
Erlebnissen, von Spiegeln der inneren Erfahrung, nicht der Realität, und als solche faßt sie auch das Kind auf.

Mit ungefähr fünf Jahren – also in dem Alter, in dem die
Märchen große Bedeutung gewinnen – glaubt kein normales
Kind, diese Geschichten entsprächen der äußerlichen Wirklichkeit. Das kleine Mädchen stellt sich vor, es sei eine Königstochter und lebe in einem Schloß, es malt diese Vorstellung in
seiner Phantasie aus, aber wenn die Mutter zum Essen ruft,
weiß es, daß es keine Königstochter ist. Wenn auch ein Gebüsch im Garten zu Zeiten als tiefer, dunkler Wald voll verborgener Geheimnisse erlebt werden kann, weiß doch das
Kind, was es in Wirklichkeit ist, ebenso wie das kleine Mädchen weiß, daß seine Puppe nicht wirklich sein Kind ist, wenn
es sie auch so nennt und als solches behandelt.

Geschichten, die sich eng an die Realität halten und nicht in
der Hütte eines armen Holzhackers vor einem großen Walde,
sondern im Wohnzimmer oder Hinterhof des Kindes beginnen, deren Gestalten nicht halbverhungerte Holzhacker, Könige und Königinnen, sondern den Eltern sehr ähnliche
Personen sind, und die realistische mit wunscherfüllenden
und phantastischen Elementen vermengen, vermögen beim
Kind Verwirrung zu stiften hinsichtlich dessen, was real ist
und was nicht. Solche Geschichten stimmen nicht mit der inneren Realität des Kindes überein, wenn sie die äußere Realität

auch noch so getreu schildern; sie verbreitern deshalb die Kluft zwischen der inneren und der äußeren Erfahrung des Kindes. Sie trennen das Kind auch von den Eltern, gewinnt es doch den Eindruck, daß es nicht in der gleichen geistigen Welt lebt wie sie. So nahe sie auch im „wirklichen" Raum beieinanderwohnen, scheinen sie doch zeitweilig im Emotionalen auf verschiedenen Kontinenten zu hausen. Daraus entsteht ein für Eltern und Kind schmerzhafter Bruch zwischen den Generationen.

Wenn einem Kind nur „wirklichkeitsgetreue" Geschichten (die also wichtige Teile seiner inneren Realität nicht getreu schildern) erzählt werden, kann es zu dem Schluß kommen, seine innere Wirklichkeit sei für seine Eltern weithin unannehmbar. Viele Kinder entfremden sich deshalb von ihrem inneren Leben und werden dadurch ärmer. Die Spätfolge beim Heranwachsenden, der nicht mehr unter dem emotionalen Einfluß seiner Eltern steht, kann sich darin zeigen, daß er die rationale Welt haßt und ganz in eine Phantasiewelt flüchtet, wie um nachzuholen, was in der Kindheit versäumt wurde. Gelegentlich ergibt sich auch ein schwerer Bruch mit der Realität – mit allen gefährlichen Folgen für den einzelnen und die Gesellschaft. Ein solcher Mensch kann aber auch die Verkapselung seines Ich sein ganzes Leben beibehalten und sich nie völlig befriedigt fühlen, weil ihm die Vorgänge seines Unbewußten fremd geworden sind, so daß sie sein reales Leben nicht zu bereichern vermögen. Das Leben ist dann weder „ein Vergnügen" noch „eine Art ausgefallenes Privilegium". Unter der Wirkung einer solchen Entfremdung ist kein Geschehnis der Wirklichkeit imstande, unbewußte Bedürfnisse angemessen zu befriedigen. Die Folge ist, daß der Mensch das Leben immer als unvollkommen empfindet.

Wenn ein Kind von seinen inneren geistigen Vorgängen nicht überwältigt wird und wenn es in allen wichtigen Beziehungen gute Fürsorge genießt, ist es fähig, das Leben in der seinem Alter entsprechenden Weise zu meistern. In solchen Zeiten kann es aufkommende Probleme lösen. Man braucht aber nur Kinder auf einem Spielplatz zu beobachten, um zu erkennen, wie begrenzt diese Zeitspannen sind. Wenn – was häufig geschieht – die inneren Spannungen überhandnehmen, besteht für das Kind die einzige Möglichkeit der Bewältigung darin, daß sie es nach außen projiziert. Das Problem ist aber, dies zu bewerkstelligen, ohne sich darin zu verstricken. Die verschiedenartigen Facetten der äußeren Erfahrung zu ordnen, ist für das Kind eine sehr schwere Arbeit, und wenn es keine Hilfe erfährt, ist das Bemühen aussichtslos, sobald sich die äußeren mit den inneren Erfahrungen verwickeln. Von sich aus ist das Kind noch unfähig, die Vorgänge in seinem Innern zu ordnen und zu deuten. Die Märchen stellen ihm Gestalten vor, auf die es das, was in ihm vorgeht, auf überschaubare Weise projizieren kann. Sie ermöglichen dem Kind, seine destruktiven Wünsche in einer Gestalt zu verkörpern, die ersehnte Befriedigung mit einer anderen Gestalt zu erleben, sich mit einer dritten Gestalt zu identifizieren, eine ideale Bindung an eine vierte Gestalt aufzubauen – wie es die augenblicklichen Erfordernisse verlangen.

Wenn sich das Wunschdenken des Kindes in einer guten Fee verkörpert, wenn es seine destruktiven Wünsche einer bösen Hexe beilegt, wenn es seine Ängste in Gestalt eines gefräßigen Wolfes sieht, wenn die Forderungen seines Gewissens in einem Weisen, der ein Abenteuer besteht, konzentriert sind, wenn sein Zorn und seine Eifersucht von einem Tier, das dem Rivalen die Augen aushackt, übernommen werden – dann kann das Kind endlich anfangen, seine widersprüchlichen Neigungen zu ordnen. Sobald dieser Prozeß beginnt, verringert sich die Gefahr, daß das Kind im unkontrollierbaren Chaos versinkt.

Phantasien – Voraussetzung für ein reiches Innenleben

Durch das Spiel seiner Phantasie kann das Kind bis zu einem gewissen Grad die Bedrängnisse ausgleichen, die das Leben mit sich bringt oder die in seinem Unbewußten ihren Ursprung haben. Durch seine Phantasien wird es mit dem Inhalt seines Wunschdenkens und mit gewissen sozialen Wünschen besser vertraut. Wenn es zornige und feindselige Phantasien in Kriegsspielen ausagiert oder wenn es sich seine grandiosen Wünsche erfüllt, indem es sich vorstellt, es sei Supermann, der Riese Goliath oder ein König, sucht es nicht nur eine Ersatzbefriedigung in unrealistischen Tagträumen, sondern es versucht auch, andere unter seine Kontrolle zu bekommen, als Ausgleich dafür, daß es selbst so weitgehend der Kontrolle Erwachsener, besonders der seiner Eltern, unterworfen ist.

Hier läßt sich ein bedeutsamer Unterschied zwischen Phantasie und Spiel feststellen. In seiner Phantasie kann das Kind ein absoluter Despot sein, dessen Macht keine Grenzen hat. Wenn es dagegen beginnt, seine Phantasien im Spiel umzusetzen, merkt es sehr bald, daß die Realität der Macht selbst absoluter Herrscher Grenzen setzt. Wenn so ein Despot zum Beispiel ein Gesetz erlassen hat, muß er es auch einhalten – die anderen Kinder werden darauf bestehen. Wenn der angebliche König zu launenhaft ist, wird es mit dem Spiel aus sein, und es wird für Seine Majestät ein böses Erwachen geben. Der Junge wird bald merken, daß selbst der in seiner Phantasie mächtigste Kaiser seinen Thron nur so lange behaupten kann, wie er das Wohlwollen seiner Untertanen besitzt, und daß er seinen Spielkameraden gegenüber nur dann den Herrscher spielen kann, wenn er das Spiel für sie attraktiv macht. Derartige Einschränkungen gibt es für eine frei flutende Phantasie nicht.

Wenn ich hier von den kindlichen Phantasien spreche, denke ich nicht nur an das Kleinkind, sondern auch an beträchtlich ältere Jugendliche. In den Lebensbeschreibungen schöpferischer Menschen finden sich viele Berichte darüber, daß sie als Teenager lange Stunden am Ufer eines Flusses saßen und sich Gedanken machten, daß sie mit einem treuen Hund durch die Wälder streiften oder ihre Träume träumten. Wer hat heute für so etwas noch Zeit und Möglichkeit? Wenn ein Jugendlicher das versucht, werden sich seine Eltern höchstwahrscheinlich Gedanken darüber machen, daß er seine Zeit nicht konstruktiv verwendet, daß er beim Tagträumen kostbare Stunden verschwendet, die er dem Ernst des Lebens widmen sollte. Und dies, obwohl die Entwicklung des Innenlebens, einschließlich der Phantasien und Tagträume, zu den konstruktivsten Dingen gehört, die ein heranwachsender Mensch tun kann.

Die Tage der meisten Kinder unserer Mittelschicht sind mit vorgeplanten Aktivitäten ausgefüllt – mit Pfadfindertreffen, Musik- und Tanzstunden und Sportveranstaltungen –, so daß ihnen kaum noch Zeit für sich selber bleibt. Tatsächlich werden sie dauernd von der Aufgabe, sich selbst zu entdecken, abgelenkt, da sie gezwungen werden, ihre Talente und ihre Persönlichkeit so zu entwickeln, wie es die für richtig halten, die diese verschiedenen Aktivitäten verwalten. Hierher gehört auch die Schule, die heute schon in einem Alter beginnt, das man früher für verfrüht gehalten hätte. Das Fernsehen liefert den Kleinen heute vorgefertigte Phantasien. Noch gefährlicher ist, daß diese Jugendlichen nicht mehr die notwendige Muße haben, ein reiches persönliches Leben zu entwickeln – das nur entstehen und wachsen kann, wenn viel Zeit dafür zur Verfügung steht –, und daß sie deshalb auf die Medien zurückgreifen müssen, damit diese ein Bedürfnis erfüllen, das sie nicht mehr selbst befriedigen könen, weil man ihnen keine Gelegenheit gibt, sich mit ihren eigenen Impulsen zu befassen und sich eine eigene Welt zu erträumen. Die modernen Lebensbedingungen und die Einstellung ihrer Eltern berauben die Kinder jener langen Stunden und Tage der Muße, in denen sie ihren eigenen Gedanken nachhängen könnten, was für die Entwicklung der Kreativität unbedingt notwendig wäre. Man kann sich diese Kreativität nicht einfach dadurch erwerben, daß man sich für eine halbe Stunde von anderen Dingen wegstiehlt, die von denen, die unser Leben lenken, für wichtiger gehalten werden.

Goethe hat gesagt, daß ein Talent sich in der Stille bildet. Er sprach dabei von Torquato Tasso, einem anderen großen Dicher, doch meinte er damit auch sich selbst. Er wußte und wollte auch uns erkennen lassen, daß die poetische Imagination, genau wie jedes andere bedeutsame und reiche Phantasieleben, nur nach langen Stunden einer mehr oder weniger spielerischen Konzentration auf unser Innenleben in Erscheinung treten kann.

Wenn ein Kind heute den Eindruck macht, daß es sich in Tagträume verliert, werden viele besorgte Eltern ihm vorschlagen (oder darauf bestehen), daß es seine Zeit nutzbringender verwende, und sie werden ihm sagen, was es zu tun habe. Das ist jedoch nicht ratsam. Diese Eltern machen sich nicht klar, wie wichtig es für das Kind ist, sein Innenleben selbst zu gestalten, um einmal eine echte Individualität zu entwickeln – wozu viel Energie nötig ist, auch wenn diese nicht sichtbar in Erscheinung tritt. Es gibt dem Jugendlichen außerdem das Gefühl, daß solche Träumereien etwas Unrechtes sind. Die Eltern können zwar den Wunsch aussprechen, daß ihr Kind eine Persönlichkeit werden soll, aber wenn sie ihm nicht die Möglichkeit geben, seine Energie – die dann für andere Dinge nicht zur

Verfügung steht – auf dieses wichtige Unterfangen zu konzentrieren, wird es ihnen diesen Wunsch nicht erfüllen können.

Daß das Kind nicht genug Muße hat, ein reiches Innenleben zu entwickeln, ist weitgehend der Grund dafür, daß es seine Eltern quält, ihm Unterhaltung zu verschaffen, oder daß es den Fernseher anstellt. Es geht nicht darum, daß die schlechte Münze eines derartigen Massenprodukts der Unterhaltungsindustrie die wertvolle Münze inneren Reichtums verdrängt. Es geht darum, daß man dem Kind erst gar keine Chance gibt, die wertvolle Münze eines eigenen reichen Innenlebens anzustreben. So kommt es zu einem Teufelskreis, bei dem die nicht vorhandene Möglichkeit, seine Energien großenteils auf sein Innenleben zu verwenden, und der Mangel an Zeit das Kind veranlassen, sich leicht erreichbaren Reizen zuzuwenden, um die innere Leere auszufüllen, und diese Reize es wiederum daran hindern, sein Innenleben zu entwickeln. Da es nicht genug Gelegenheit hatte, die Voraussetzungen dafür zu erwerben, daß es sich einen eigenen, schön angelegten „heimlichen Garten" erträumen konnte, nimmt es zu der leeren Geschäftigkeit seine Zuflucht, die ihm seine Eltern ermöglichen oder aufzwingen – oder zu noch inhaltsleereren Unterhaltungsmöglichkeiten, die es daran hindern, diesen „heimlichen Garten" mit den schönen Blumen seiner eigenen Phantasie anzulegen, in dem dann für das heranwachsende Kind die reiferen Bilder gedeihen könnten, die seinem Leben eine tiefere Bedeutung geben würden.

Natürlich ist es für das Kind viel bequemer, es anderen zu überlassen, seine Zeit – ob es ihm so gefällt oder nicht – einzuteilen, als in einem langsamen und schwierigen Prozeß von Versuch und Irrtum die eigene Initiative zu entwickeln, sein Leben selbst zu gestalten. Eine solche Initiative kann sich bei Kindern kaum entwickeln, die sich bei der Gestaltung ihres Lebens auf andere verlassen müssen.

Wenn dem Kind bei der Gestaltung seines Lebens viele Fehlstarts und Fehlschläge unterlaufen, geraten die Eltern häufig in Panik. Sie nehmen dem Kind dann jede Gelegenheit zu einer eigenen Entwicklung, und – was noch schlimmer ist – sie machen es überflüssig, daß es sich noch selbst darum bemüht. Wenn Gelegenheit und Notwendigkeit dazu fehlen, entwikkeln die meisten Kinder keine eigene Initiative zur Gestaltung ihres Lebens, und die unausgesprochene Überzeugung der Eltern, daß sie dazu nicht in der Lage sind, wird zu einer Prophezeiung, die sich ganz von selbst erfüllt. Nicht zu vergessen ist auch, daß die eigene Initiative nicht entwickelt und getestet werden kann, wenn das Kind nicht hin und wieder einmal Gelegenheit hat, wirklich für kurze Zeit es selbst zu sein, besonders dann nicht, wenn eine von anderen organisierte und befohlene Betätigung schon im Hintergrund wartet. Initiative gedeiht nicht auf unfruchtbarem Boden, wenn es auch gelegentlich einmal ein Kind gibt, das eine solche Initiative besitzt und trotz aller Hindernisse sein eigenes Leben lebt. Es kostet viel Mühe zu lernen, aus eigener Initiative zu leben, und es erfordert viel Mut und Entschlußkraft, die viele Kinder nur aufbringen, wenn ihnen nichts anderes übrigbleibt. Andernfalls werden sie es anderen überlassen, sich darum zu kümmern, gleichzeitig aber wird ihnen das nicht recht sein, und sie werden schließlich über sich selbst, über ihre Eltern und über ihr ganzes Leben tief enttäuscht sein.

Natürlich bringt es gewisse Gefahren mit sich, wenn man ein Kind eigene Initiative entwickeln läßt. Es nützt auch nichts, ein Kind dazu anzuspornen, was manche Eltern versuchen. Unter solchen Umständen kann das Tun und Treiben des Kindes den Anschein erwecken, als geschähe es aus eigener Initiative, aber es selbst weiß, daß dies nicht der Fall ist und daß es nur das tut, was seine Eltern von ihm verlangen. Deshalb können Eltern nichts weiter tun, als sich der Gefahren bewußt sein, wenn ihr Kind in wichtigen Bereichen seines Lebens eigene Initiative zu entwickeln beginnt. Sie können nur nach Kräften versuchen, schlimme Folgen einer solchen Initiative so klein wie möglich zu halten. Wenn ein Kind, solange es noch klein ist, eigene Initiative entwickelt, sind die damit verbundenen Gefahren noch relativ gering, und man kann es leicht vor üblen Konsequenzen bewahren. Aber es kommt auch vor, daß ein Heranwachsender plötzlich sein Leben in die eigenen Hände nimmt und sich dabei gereizt, abwehrend und aggressiv verhält. In solchen Fällen hatte der Betreffende meist keine Gelegenheit, eine echte Initiative zu entwickeln. Dann ist die Wahrscheinlichkeit oft recht groß, daß er schwere Fehler macht und daß ihm ernste Gefahren drohen.

Wenn man Kindern Gelegenheit gibt, ihren eigenen Gedanken nachzuhängen, fangen sie meist schon bald damit an, mit Hilfe von Phantasiespielen Ordnung in ihr chaotisches Innenleben zu bringen oder sich von seinen unerwünschten Auswüchsen zu befreien. Hierdurch wächst ihre Fähigkeit, mit der Realität fertigzuwerden. Alle Kinder versuchen, in eine Phantasiewelt zu entfliehen, wenn ihnen die Realität unerträglich wird, doch versuchen nur emotional schwer gestörte Kinder, auf die Dauer dahin auszuweichen. Bei normalen Kindern dienen Phantasiespiele dazu, ihr inneres Leben in der Phantasie und ihr äußeres Leben in der Realität voneinander zu trennen und auf diese Weise beides zu meistern.

Kinder und Fernsehen

Historisch betrachtet kann es kaum überraschen, daß Eltern, Erzieher und andere Tugendwächter unserer Zeit höchst besorgt sind über den Schaden, den das Fernsehen bei uns allen und ganz besonders bei Kindern anrichtet. Moralisten haben schon immer von Natur aus die Neigung gehabt, sich über die neueste vorherrschende Form populärer Unterhaltung Sorgen zu machen und sie zu verpönen. In Platons idealem Staat sollte alle dichterische Literatur verboten werden wegen des schlechten Einflusses, den sie angeblich ausübte, und doch ist genau diese Literatur seit ihrer Entstehung bewundert worden als eine der stolzesten Errungenschaften des Menschen.

Rauchen, der Besuch von Kaffeehäusern, Tanzen – all dies wurde nacheinander als jugendverderbend betrachtet. Weder Opern noch Varietés entgingen scharfer Mißbilligung. Sogar einem Meisterwerk wie Goethes „Werther" wurde vorgeworfen, es habe zu einer Welle von Selbstmorden geführt, obwohl es damals keine statistischen Unterlagen gab, aus denen feststellbar gewesen wäre, ob die Zahl der Selbstmorde tatsächlich zugenommen hatte.

Jede neue Form der Massenunterhaltung wird mit viel Argwohn betrachtet, bis sie eine Zeitlang im Schwange war. Sie wird meist akzeptiert, sobald die Leute merken, daß das Leben denselben zufälligen Verlauf nimmt wie zuvor. Dann rückt ein aktuelleres Unterhaltungsmedium in den Mittelpunkt derselben Besorgnisse. Als ich ein Kind war, schrieb man alle schlechten Einflüsse dem Film zu; heute legt man sie dem Fernsehen zur Last. Als ich ein junger Mann war, wurden Comics verteufelt, weil sie angeblich die unschuldige Jugend zu Gewalt anstachelten.

Selbst damals sah man jedoch ein, daß Kinder gar nicht so unschuldig waren. Es war bekannt, daß sie böse, gewalttätige, destruktive und sogar sexuelle Phantasien entwickeln, die alles andere als unschuldig sind. Auch heute sollten diejenigen, die sich mit der Wirkung des Fernsehens auf Kinder befassen, genau verstehen lernen, wie Kinder wirklich sind; sie sollten sich nicht von viktorianischen Vorstellungen leiten lassen, wie vollkommen Kinder sein könnten, wenn sie nicht schlimmen Einflüssen ausgesetzt wären, und sie sollten auch nicht alles, was Kindern Spaß macht, als böse verdammen. Neue Formen der Unterhaltung erscheinen Erwachsenen, die keine Gelegenheit hatten, sie in ihrer Jugend zu genießen, besonders verdächtig. Die meisten Eltern, die jung genug sind, um in ihrer Kindheit mit Begeisterung ferngesehen zu haben, machen sich über nachteilige Wirkungen weniger Kopfzerbrechen. Sie wissen, daß sie durch jene Stunden vor dem Fernseher nicht von ihrer Ausbildung abgehalten wurden oder von einem sinnvollen Leben. Wenn ihnen nicht ganz wohl ist, dann wegen der Verwendung des Fernsehgeräts als Babysitter ihrer eigenen Kinder.

Trotz aller Besorgnisse und der unzähligen Artikel über Auswirkungen des Fernsehens auf unsere Kinder sind genaue Tatsachen rar und schwer erhältlich. Wir wissen über das Thema sowenig, wie die Generation meiner Eltern Bescheid darüber wußte, was Filme bei uns bewirkten. Meine Eltern machten sich Sorgen über Kinder, die soviel Zeit in den dunklen Kinopalästen verbrachten – den Schlössern, in denen wir uns Träumen hingaben, sooft unsere bescheidenen Geldmittel es erlaubten. Durch das Fernsehen haben es Kinder wenigstens nicht nötig, das Haus zu verlassen und fast das ganze Taschengeld für Eintrittskarten auszugeben.

Was Filme verlockend machte, lag – ohne daß wir uns dessen bewußt gewesen wären – auch daran, daß sie uns halfen, dem wachsamen Blick der Eltern bei uns zu Hause und dem Wettstreit mit anderen Kindern beim Spielen zu entrinnen. Wenn wir Filme ansahen, träumten wir davon, im Leben und in der Liebe so erfolgreich zu sein wie unsere Helden oder Heldinnen. Wir beteiligten uns an aufregenden Phantasien, die unser eintöniges oder ziemlich unangenehmes Dasein erträglicher machten. Hatten wir uns einen Film angesehen – oft nicht nur einmal, sondern zwei- oder dreimal, sofern die Platzanweiser es zuließen – dann kehrten wir gestärkt ins alltägliche Leben zurück.

Unsere Kinder machen dasselbe in ihrem Zuhause, und kein Platzanweiser hält sie davon ab, ein im wesentlichen gleichbleibendes Programm immer wieder anzuschauen. Sie langweilen sich nicht und verdummen auch nicht dabei; wir alle möchten den gleichen Wunschtraum träumen, bis wir genug haben. In der öffentlichen Debatte über die Auswirkungen des Fernsehens auf Kinder wurde die Tatsache, daß TV-Programme Material für Wunschträume bieten, sosehr als Selbstverständlichkeit betrachtet, daß kaum über sie gesprochen wurde. Es scheint kaum einen Zweifel daran zu geben, daß die meisten von uns Wunschträume brauchen – und je frustrierender die Wirklichkeit ist, desto größer ist unser Bedarf.

Obwohl wir uns in dem Glauben wiegen, das Leben kleiner Kinder sei sorgenfrei, sind sie tatsächlich von Enttäuschung und Frustration erfüllt. Kinder wünschen sich so viel, können aber kaum etwas selbst bestimmen in ihrem eigenen Leben, das so oft von Erwachsenen beherrscht wird, die kein Verständnis für die Prioritäten der Kinder haben. Aus diesem Grund haben Kinder einen größeren Bedarf an Wunschträumen als Erwachsene. Und weil ihr Leben in recht engen Grenzen verlaufen ist, brauchen sie um so mehr Material, aus dem

Wunschträume entstehen können. In der Vergangenheit nährten Kinder ihr Vorstellungsvermögen mit volkstümlichen Erzählungen, Mythen und Geschichten aus der Bibel. Selbstverständlich wäre es ihnen viel lieber gewesen, die Geschichten nicht nur zu hören, sondern auch zu sehen, die schauspielerische Darstellung selbst zu betrachten, wenn dies möglich gewesen wäre.

In den Geschichten des Alten Testaments gibt es Gewaltanwendung und Verbrechen, wie auch in den Märchen. In der griechischen Tragödie gibt es viel Grausamkeit und Feindschaft in der Familie, Totschlag und sogar Vatermord und Inzest; dasselbe trifft auf Shakespeares Stücke zu. Dies deutet darauf hin, daß die Menschen immer ein gewisses Maß an Gewaltphantasien brauchten als Bestandteil volkstümlicher Unterhaltung. Aristoteles sagte, solche Kost sei nötig für die Katharsis, also für die Befreiung von unseren inneren Spannungen. Kinder brauchen diese Befreiung ebenso wie Erwachsene, vielleicht sogar noch mehr, und dies wird immer so bleiben.

Die schwerste von den Besorgnissen über die Auswirkungen des Fernsehens auf unsere Kinder lautet, daß es sie zur Gewaltanwendung anstacheln könne. Wahrscheinlich ist keine Befürchtung gründlicher erforscht worden als diese. Ich selbst mag zwar keine Gewalt auf dem Bildschirm, doch muß ich einräumen, daß sie, solange sie nicht tückisch oder grausam ist – was aber häufig der Fall ist –, eine gewisse Faszination ausübt.

Viele Kinder freuen sich nicht nur über aggressive Phantasien, sie brauchen diese auch. Sie brauchen Material für Wunschträume der Aggression und der Vergeltung, in denen sie ihre feindseligen Gefühle ersatzweise ausagieren können, ohne nahe Verwandte zu verletzen. Ein sehr kleines Kind mag eine Puppe verprügeln (wobei es die ganze Zeit an das Baby denkt, das ihm im Weg steht) oder nach dem Vater oder der

Mutter schlagen, doch ein etwas älteres Kind kann es sich nicht mehr leisten, seine Aggression so direkt auszudrücken. Bei gesunder Entwicklung geht ein Kind bald zu Wunschträumen über, in denen nicht das Kind, sondern ein imaginärer Stellvertreter seiner Wut auf eine andere realitätsferne, imaginäre Gestalt freien Lauf läßt. Aus diesem Grund ist es so wohltuend, wenn ein Cartoon ein hilfloses kleines Tier wie eine Maus zeigt, das viel größere und stärkere Tier zum Narren hält.

Als Teil einer im Jahr 1976 veröffentlichten Untersuchung über Gewalt und Fernsehen wurden in einem Experiment Zeichentrickfilme mit gewalttätigen Szenen sowohl normalen als auch emotionell gestörten Kindern gezeigt. Da letztere instabil waren, nahm man an, sie seien den Einflüssen der Cartoons stärker ausgesetzt. Doch nach dem Betrachten der gewalttätigen Szenen waren Kinder in beiden Grupen beim Umsetzen ihrer Aggressivität weniger chaotisch, und sie taten es nicht mehr so wahllos. Da die Kinder Aggressionsgefühle beim Betrachten des Films in der Phantasie mit Stellvertretern ausagieren konnten, hatten die meisten von ihnen ein geringeres Bedürfnis, in der Realität aggressiv zu handeln.

Auf der anderen Seite wurden einige der stark gestörten Kinder nach dem Betrachten der Cartoons gewalttätiger. Manche Jugendliche erhalten durch das, was sie auf dem Bildschirm sehen, tatsächliche Anleitungen für aggressives Verhalten, die sie dann in der Realität in die Tat umzusetzen versuchen. Die entscheidenden Faktoren sind nicht die jeweiligen Bildschirmereignisse, sondern die eigene Persönlichkeit des Kindes (die zu Hause unter dem Einfluß der Eltern ausgebildet wird) und, wenn auch in einem viel geringeren Ausmaß, die gegenwärtige Situation des Kindes.

Auch für normale Kinder bietet das Fernsehen eine Vielzahl von Modellen, nach denen phantasiert und experimentiert

werden kann. Kinder neigen dazu, sich anzuziehen, sich zu bewegen, zu gehen und zu reden wie TV-Darsteller, die sie bewundern. Ob dies einem jungen Menschen hilft oder schadet,
scheint von der Person abzuhängen, mit der er sich identifiziert. Dies wiederum wird viel stärker durch die eigene Persönlichkeit und von den aktuellen Problemen determiniert als
durch das, was auf dem Bildschirm gezeigt wird.

Wilbur Schramm und andere Forscher erkannten vor mehr
als zwei Jahrzehnten: „Die dominierende Rolle, die das Fernsehen im Leben von Kindern spielt, beruht mindestens ebenso-
sehr darauf, was das Kind zum Fernsehen mitbringt wie darauf,
was das Fernsehen dem Kind bringt." Und je jünger ein Kind
ist, desto stärker ist dies der Fall.

In *Child Development* wurde im Jahr 1978 über ein Experiment berichtet, bei dem Zweitkläßler einen Programmbeitrag
anschauen und dann die Geschichte so erzählen sollten, „daß
jemand, der sie nicht gesehen hat, darüber Bescheid weiß, was
geschehen ist". Daraufhin reihten die Kinder Vorfälle wahllos
aneinander. Sie zeigten kein Verständnis oder Erinnerungsver-
mögen für die Zusammenhänge der Ereignisse. Kinder, die
einige Jahre älter waren, zum Beispiel Fünftkläßler, konnten
sich ziemlich gut erinnern, was sie gesehen hatten. Je jünger
das Kind ist, desto weniger reagiert es also auf den tatsächlichen Inhalt der Sendung. Nur ein Kind, dessen Gefühlsleben
sehr öde ist oder dessen Lebensbedingungen äußerst destruktiv
sind, wird in der Welt der Fernsehdarbietungen „leben". Dies
mag dem Kind besser erscheinen, als sich den Tatsachen zu
stellen, welche ihn dazu bringen könnten, alle Hoffnung auf-
zugeben oder Gewalt gegen jene anzuwenden, die sein Leben
unerträglich machen.

Tatsache ist, daß die meisten Kinder gelegentlich bei einer
vom Fernsehen gespeisten Phantasiewelt Zuflucht suchen; sie
lassen es aber nicht zu, daß diese für mehr als einen eng be-

grenzten Teil ihres Lebens bestimmend wird. Das Fernsehen ist für diesen Zweck ein ideales Medium, denn es erlaubt dem Kind, sofort aus der Phantasiewelt ins wirkliche Leben zurückzukehren und ebenso rasch in die Fernsehwelt zu entrinnen, wenn die Wirklichkeit zu schwierig wird. Ein Knopfdruck ist alles, was dazugehört.

Wir sollten uns daran erinnern, welchen Einschränkungen das Leben der Kinder unterliegt. Einst war es möglich, Kinder fast den ganzen Tag lang auf eigene Faust oder zusammen mit anderen, die Zufallsbekanntschaften waren, herumstromern zu lassen. Sie spielten irgendwo in der Nachbarschaft oder in einem Schuppen oder zogen durch die Wälder und Felder. Dort konnten sie ihre eigenen Wunschträume träumen, ohne daß die Eltern in der Nähe waren und verlangten, sie sollten ihre Zeit für etwas Nützlicheres verwenden. Mit Rücksicht auf die Sicherheit unserer Kinder können wir es heutzutage nicht zulassen, daß sie sich auf diese Weise selbst durchschlagen. Und doch braucht jedes Kind genügend Zeit und genügend Platz für sich selbst, um gut heranwachsen zu können. Das Fernsehen gibt ihm diese Gelegenheit. Die Sendung auswählen zu können, mit der sie in einen Traum versinken möchten, ist für die Kinder von heute zu einer Möglichkeit der Selbstbestimmung geworden, zu einer wichtigen Erfahrung im Erwachsenwerden.

Seltsamerweise kommt bei all der schwindelerregenden Aktivität, die Fernseh-Fiktionen bieten, eines zu kurz: das persönliche Wachstum. Was Kinder am nötigsten brauchen, ist, aus ihren Erfahrungen zu lernen und durch sie zu wachsen. Am meisten nützen den Kindern Sendungen, die zeigen, wie sich Menschen durch Erfahrungen wandeln – in ihrer Persönlichkeit, in ihrer Sicht des Lebens, in den Beziehungen zu anderen und in der Fähigkeit, mit zukünftigen Ereignissen zurechtzukommen. Nicht nur bei Sendungen für Kinder, sondern auch in Serien für Erwachsene, die von Kindern gesehen werden, sollte es keine stereotypen Figuren geben, die sich bekanntermaßen niemals ändern werden.

Selbst bei einer außergewöhnlichen Serie wie „All in the Family" standen Figuren im Mittelpunkt, die sich nie änderten und nie etwas dazulernten, ganz gleich, wie deutlich die Lektionen vorangegangener Episoden gewesen waren. In dieser wie in vielen anderen weniger bedeutenden Serien lernen die Helden so wenig aus ihren Erfahrungen wie die Schurken. Selbst nach den unglaublichsten Ereignissen bleiben die Personen so, wie sie vorher waren. Wachstum und Entwicklung sowie Bilder von diesen Vorgängen bilden jedoch das, was Kinder brauchen, wenn sie glauben sollen, daß sie selbst ebenfalls wachsen können. Ein Kind muß Phantasien haben, wie es sich verändern wird, wie es lernen wird und wie es ein besserer Mensch werden wird: durch das, was es im Leben gelernt hat.

Im Fernsehen lernen die dargestellten Personen nichts aus ihren Erfahrungen, und zudem stellen ihnen die Serienautoren bei all ihren Schwierigkeiten einfache Sofortlösungen zur Verfügung, die so wohlfeil sind wie die in der Werbung versprochenen. Ein bestimmtes Haarspray garantiert Erfolg im Leben und in der Liebe; nach der Einnahme von Pillen verschwinden alle Sorgen. Serien und Werbung sind für Kinder gleichermaßen irreführend, indem sie den Anschein erwecken, daß es eine einfache Lösung für alle auftretenden Probleme gibt oder geben müßte, und daß etwas mit ihnen, mit ihren Eltern oder mit der Gesellschaft nicht stimmt, wenn diese so leicht verfügbaren Antworten ausbleiben. Irreführend sind in dieser Hinsicht selbst Programme mit didaktischer Zielsetzung, wie sie das nichtkommerzielle Fernsehen sendet. Sei es „Sesamstraße" oder „Nova", sie erzeugen die Illusion, eine gute Ausbildung sei leicht und schnell zu erreichen. Ob einem Kind nun in der Zahnpastawerbung Beliebtheit versprochen wird oder Wissen vom Kanal PBS: Es wird in der Annahme bestärkt, daß der Erfolg mühelos erreichbar sei. Dies ist natürlich nicht der Fall, und das Kind wird unzufrieden mit sich und der Gesellschaft.

Das Problem ist in der Hauptsache ein Teil des Mediums. Um die Zuschauer bei der Stange zu halten, müssen Fernsehserien Sachverhalte vereinfachen; sie können den mühseligen Prozeß nicht schildern, der erforderlich ist, um Wissen zu erwerben. In manchen Sendungen ist davon die *Rede*, wie langsam und schwierig der Fortschritt sei, doch machen diese Worte auf Kinder kaum einen Eindruck, wenn Personen in derselben Serie mit größten Schwierigkeiten innerhalb von dreißig oder sechzig Minuten fertig werden.

Das Fernsehen ist eben ein Medium, das sich am besten für die Unterhaltung eignet; es taugt nicht so gut für das ausgewogene Urteil, um das Für und Wider einer Angelegenheit zu erörtern. Wir sollten von diesem Medium nicht erwarten, was seinem Wesen widerspricht. Die aus Fernsehsendungen stammende Information wird immer eine Tendenz zur Einseitigkeit, zur Parteilichkeit und zur Vereinfachung haben. Deshalb wird wirkliches Lernen für ein Kind nicht einmal möglich sein, wenn es die besten Sendungen anschaut – nicht einmal bei denen, die für seine Altersgruppe bestimmt sind, denn seine Lebenserfahrung ist zu begrenzt. Erwachsene oder nahezu erwachsene Menschen können beim Fernsehen ihre gesamte Lebenserfahrung einbringen und auf diese Weise eine angemessene Perspektive finden. Kinder brauchen zu diesem Zweck Hilfe von Erwachsenen.

Es gibt kaum eine Sendung, aus der ein Kind nicht vieles lernen könnte, sofern ein verantwortungsbewußter Erwachsener die notwendigen Instruktionen gibt. Selbst Sendungen mit gewalttätigen Szenen sind keine Ausnahme, doch darf das Kind nicht so verängstigt oder so wütend sein, daß es vom Geschehen völlig überwältigt wird. Es ist für Kinder sehr wichtig, daß sie die richtigen Einstellungen zur Gewalt entwickeln; die Augen vor existierender Gewalt zu verschließen, kann wohl kaum als konstruktive Haltung gelten. Jedes Kind muß lernen, was an der Gewaltanwendung falsch ist und aus welchem Grund, warum es Gewalt gibt und wie man mit ihr bei sich selbst und bei anderen umgehen sollte.

Notwendig ist, daß Eltern zusammen mit dem Kind erforschen, was es selbst mit dem Gesehenen und Gehörten anzufangen weiß. Das Kind soll uns erzählen können, was die Sendung ihm gegeben hat, und wir müssen dies zum Anlaß nehmen, ihm bei der Einordnung zu helfen: welche Eindrücke aus seinem Inneren und welche aus der Sendung kamen, welche gut waren und welche nicht, und wie die Gründe lauten.

Dies setzt natürlich voraus, daß der Erwachsene zusammen mit dem Kind fernsieht. Auf diese Weise können die Eltern das Fernsehen nicht mehr als Rechtfertigung dafür benutzen, daß sie sich nicht mit dem Kind abgeben.Ich glaube, daß die wirkliche Gefahr des Fernsehens auf menschliches Versagen zurückgeht und nicht im Medium liegt. Wir sollten weder unseren Kindern noch dem Medium die Schuld geben, wenn der Grund fürs Fernsehen darin zu suchen ist, daß wir, die Eltern, nicht besonders interessiert daran sind, uns mit ihnen zu beschäftigen. Wir sollten uns überlegen, daß sie um so weniger Zeit vor dem Fernsehapparat verbringen, je mehr wir uns ihnen widmen. Je mehr Zeit wir aufwenden, um mit ihnen über das Gesehene zu reden, desto intelligenter und anspruchsvoller werden sie sich beim Zuschauen verhalten. Tatsache bleibt, daß unsere Persönlichkeit und unsere Wertordnung eine viel größere Prägekraft auf unsere Kinder und ihre Vorstellung vom Leben haben werden als das Fernsehen.

IV. Leidiges Thema Schule

Wie man lesen lernt

Der erste Schultag ist für ein Kind nicht eine neue Erfahrung unter den vielen anderen, die es bereits hinter sich hat, so aufregend diese auch gewesen sein mögen; dieser Tag fügt vielmehr seinem Leben eine neue Dimension hinzu, denn von nun an wird es nie mehr so sein wie früher. In der Schule muß das Kind – gewöhnlich zum erstenmal in seinem Leben – allein mit einer Welt fertig werden, die von der in seiner Familie, in seinem Elternhaus und unter seinen Freunden, von allem, was es bisher gekannt hat, völlig verschieden ist. Noch wichtiger ist, daß es in der Schule einer der wichtigsten Einrichtungen der Gesellschaft gegenübersteht, deren erklärtes Ziel es ist, es zu einer Persönlichkeit zu entwickeln, indem sie seinen Geist und seine Aufnahmefähigkeit entwickelt.

Erziehung ist zum größten Einzelunternehmen unserer Gesellschaft geworden. Im Erziehungswesen sind mehr Menschen beschäftigt als in irgendeinem anderen Unternehmen, den öffentlichen Verwaltungsapparat ausgenommen, von dem das Erziehungswesen ein Bestandteil ist. Folglich dient eine umfangreiche und fest verwurzelte Bürokratie nicht nur den Interessen der Kinder, sondern auch eigenen Interessen, die sich nicht immer mit dem decken, was der Erziehung von Kindern am dienlichsten wäre. (Ein gutes Beispiel dafür, daß die legitimen Interessen der Kinder durch das verständliche Eigeninteresse der Lehrer beeinträchtigt werden, ist ein Lehrerstreik.)

Im Tagesablauf der Schulen wird vieles von den Bedürfnissen des Erziehungs-Establishments mitbestimmt, und diese Bedürfnisse haben oft den Vorrang vor denen der Kinder. Man entschuldigt das damit, daß die Erziehung der Kinder leiden würde, wenn das Schulsystem nicht gut funktioniere. So wird das Kind in der Schule nicht nur Erfahrungen ausgesetzt, die nützen, sondern auch anderen, die hauptsächlich von den Interessen der Bürokratie diktiert sind. Das erzeugt Spannungen im Erziehungswesen, unter denen die Kinder und ihre Erziehung leiden. Kinder spüren solche Spannungen auch dann, wenn sie in den unteren Klassen noch zu jung sind, um sie bewußt zu erleben. Trotz solcher Konflikte zwischen dem, was zum Besten des Kindes geschieht, und dem, was geschieht, um die Erfordernisse der Bürokratie zu erfüllen, reagiert das Kind darauf, daß die Schule von der Gesellschaft eingerichtet wurde und unterhalten wird, um sein persönliches und intellektuelles Wachstum zu fördern. Da die Schule speziell für das Kind und seine Altersgenossen geschaffen wurde, tendiert es dazu, sich seine Ansichten über die Gesellschaft nach seinen Erfahrungen in der Schule zu bilden, weshalb die frühen Erfahrungen mit der Schule nicht nur die Grundlage für seine sämtlichen späteren Schulerfahrungen sind, sondern auch in beträchtlichem Maß seine Meinung über sich selbst und seine Beziehung zur Welt im allgemeinen beeinflussen. Diese ersten Erfahrungen mit dem Lernen in der Schule sind oft von entscheidender Bedeutung dafür, welche Meinung sich das Kind über sich selbst als Teil der Gesellschaft bildet. Es hängt von ihnen ab, ob es sich willkommen geheißen und gut behandelt fühlt und daraus schließt, daß es in dieser Gesellschaft etwas erreichen wird, oder ob es das Gefühl hat, daß diese Einrichtung, die angeblich zu seinem Wohl gegründet wurde, seinen Bedürfnissen bestenfalls gleichgültig und schlimmstenfalls direkt feindlich gegenübersteht – und daß es deshalb das gleiche von der übrigen Gesellschaft und ihren Einrichtungen erwartet. Wenn es dazu kommt, dann fühlt sich das Kind schon früh von der Gesellschaft abgelehnt.

Im Kindergarten lernt das Kind, vor allem dann, wenn nicht

zu früh und zu streng mit dem Lernen angefangen wird, mit anderen Kindern zu spielen und macht Bekanntschaft mit Dingen, die es auf das offizielle Lernen vorbereiten. Die wichtigste dieser frühen Erfahrungen dürfte die Begegnung mit seiner Lehrerin sein, eine Begegnung, die auf seine künftige Schullaufbahn den größten Einfluß haben wird. Durch sie lernt es das Schulsystem kennen. Geht alles gut, so lernt das Kind auf die richtige Weise mit den Anforderungen, die die Schule stellen wird, fertig zu werden, und die Tatsache, daß es dazu in der Lage ist, gibt ihm ein Gefühl der Befriedigung. Geht die Sache schief, wird es argwöhnisch in bezug auf die Absichten der Lehrer und des gesamten Schulsystems. Es verschließt sich dann den Bemühungen des Lehrers und lernt entweder, das Schulsystem abzulehnen und sich in sich selbst zurückzuziehen, oder es wird zu einem kleinen Rebellen.

Die Fähigkeit zu lesen ist im Schulleben eines Kindes von so einzigartiger Bedeutung, daß die Erfahrung, die es dabei macht, oft ein für allemal sein Schicksal in bezug auf seine Schullaufbahn besiegelt. Was das Kind in der Schule bis zu dem Zeitpunkt, wo es lesen lernt, erlebt hat, ist nur eine Vorbereitung für das ernsthafte Lernen. Es erleichtert oder erschwert den Erfolg bei dieser entscheidenden Lernaufgabe. Wenn seine früheren Erfahrungen zu Hause und in der Schule es nur kümmerlich dafür ausgerüstet haben, dann können seine Erlebnisse beim Lesenlernen den Schaden wieder ausgleichen, wenngleich das nicht einfach sein wird. Macht ihm das Lesen Spaß, dann ist alles gut. Wenn es dagegen nicht richtig lesen lernt, sind die Folgen gewöhnlich nicht wieder gutzumachen.

Wenn das Kind es noch nicht erkannt haben sollte, wird es ihm schnell klar werden, daß unter allem, was man in der Schule lernt, nichts so wichtig ist wie das Lesen; nichts kommt dem an Bedeutung gleich. Deshalb ist es so wichtig, wie es gelehrt wird: Die Erfahrungen beim Lesenlernen sind entscheidend dafür, welche Einstellung das Kind später zum Lernen ganz allgemein haben wird, welche Meinung es über sich selbst in bezug auf seine Lernfähigkeit und als Person im allgemeinen entwickeln wird.

Ob überhaupt, wie bald, wie leicht und wie gut das Kind lesen lernt, hängt bis zu einem gewissen Grad von seiner natürlichen Begabung und in beträchtlichem Maß von seinem Elternhaus ab. Hierzu gehört auch, wie gut seine Fähigkeit, Sprache zu verstehen, anzuwenden und seine Freude daran zu haben, bereits entwickelt ist; ob das Lesen etwas ist, was man ihm als etwas Erstrebenswertes hingestellt hat, und wieviel Vertrauen man ihm zu seiner Intelligenz und seinen schulischen Fähigkeiten eingeflößt hat. Seine Erfahrungen in der Schule können bestenfalls den Einfluß dieser Faktoren ändern, jedoch nur ganz allmählich.

Ohne Rücksicht darauf, was das Kind von zu Hause in die Schule mitbringt, ist – nachdem es in der Klasse sitzt – das Wichtigste beim Lesenlernen die Art, wie das Lesen und der Lesestoff – ihr Wert und ihre Bedeutung – ihm vom Lehrer vor Augen gestellt wird. Erlebt es das Lesen als etwas Interessantes, Wertvolles und Erfreuliches, so wird ihm die Mühe, die das Lesenlernen kostet, im Vergleich zu den Vorteilen, die es einbringt, kein zu hoher Preis sein. Es ist ziemlich einfach, dem Kind diesen Eindruck zu vermitteln, falls man dabei von seinem Elternhaus unterstützt wird. Hat man es dagegen dort nicht auf eine positive Einstellung zum Lesen vorbereitet, so ist es für den Lehrer erheblich schwieriger, das Kind davon zu überzeugen, daß das Lesenkönnen nicht nur im allgemeinen wichtig, sondern auch im Augenblick für es selbst von großem persönlichem Interesse ist.

Es macht großen Spaß und befriedigt außerordentlich, wenn man gelernt hat, ein paar Wörter zu lesen. Das Kind ist stolz darauf, daß es das kann. Aber die Begeisterung darüber schwindet bald, wenn die Texte, die das Kind lesen muß, es zwingen, das gleiche Wort immer und immer wieder zu lesen. Das Erkennen von Wörtern wird rasch zu einem leeren, mechanischen Lernen, wenn es nicht unmittelbar zum Lesen eines sinnvollen Inhalts hinführt.

Ohne Schwierigkeiten lesen zu können, setzt zweifellos voraus, daß man sich die entsprechende Fertigkeit erwirbt, daß man zum Beispiel einzelne Wörter, die man noch nicht kennt, entziffern und aussprechen kann, was dem Kind durchaus bewußt ist. Aber es weiß auch, daß diese Fertigkeit ihm an und für sich kaum etwas nützt, außer daß sie ihm zur Übung dient. Und es wird nicht daran interessiert sein, diese Fertigkeit zu erwerben, wenn man in ihm den Eindruck erweckt, daß es sie um ihrer selbst willen beherrschen soll. Deshalb hängt so viel davon ab, worauf der Lehrer, die Schule und das Lesebuch das Hauptgewicht legen. Das Kind muß von Anfang an davon überzeugt sein, daß die Beherrschung solcher Fertigkeiten nur ein Mittel zum Zweck ist und daß es einzig und allein darauf ankommt, daß es lesen lernt, das heißt, daß es Freude an Büchern haben kann und daß es Nutzen ziehen kann aus dem, was diese zu bieten haben.

Ein Kind, das lesen soll: „Anna hat den Ball – Hans hat das Rad – Anna gab Hans den Ball – Hans gab Anna das Rad" und noch schlimmeren Unsinn, gewinnt nicht den Eindruck, daß man ihm damit das Lesen beibringen will, denn das, was es da lesen soll, ist ganz offensichtlich dummes Zeug. Es ist nicht etwa so, daß es Kindern keinen Spaß macht, mit Wörtern zu spielen. Sie lieben es geradezu, neue Wörter zu bilden – einschließlich Unsinnswörtern und -reimen, und sie schwelgen geradezu in diesen neuerworbenen Künsten. Aber wenn solche Wortspielereien Spaß machen sollen, dürfen sie nicht zu einer täglichen Pflichtübung werden, sonst geht die Freude daran und damit am Lesen verloren. Das Kind spielt mit Wörtern, weil es das amüsant und gescheit findet. Aber im Gegensatz zu den spontanen Wortschöpfungen eines Kindes sind die Wortspiele in Abc-Büchern und Fibeln keineswegs gescheit, sondern höchst langweilig, ja schlimmer noch: Solche Bücher stellen geradezu eine Beleidigung für die Intelligenz des Kindes dar.

Kinder sehen ein, daß wiederholtes Üben notwendig sein kann, wenn man gewisse Fertigkeiten, wie zum Beispiel lesen zu lernen, erlangen will, und wenn man einem Kind einpaukt, Buchstaben oder Phoneme zu erkennen oder Wörter zu entziffern, und ihm nicht einzureden versucht, daß es eine Geschichte liest, die seine Aufmerksamkeit verdient, dann lernt es auf diese Weise zwar nicht, was es heißt, gern zu lesen, aber man schadet dem Kind wenigstens nicht. Es kann sogar sein, daß Kinder an solchen Übungen Spaß haben, wenn sie mit dem Lesenlernen anfangen, genau wie sie auch am Erlernen anderer Fertigkeiten Freude haben. Meist spielt das Kind kurze Zeit „Übungsspiele", nachdem es laufen, springen oder seilhüpfen gelernt hat, und ähnliches kann geschehen, wenn es ihm zum erstenmal gelungen ist, Wörter zu entziffern.

Zum Beispiel lesen Kinder zum Entzücken ihrer Eltern begeistert Verkehrsschilder, wenn sie mit ihnen im Auto irgendwohin fahren. Dies und ähnliches zeigt, daß es in solchen Phasen, wenn eine neu erworbene Fähigkeit eingeübt wird – in unserem Beispiel das Entziffern von Wörtern –, wenig darauf ankommt, was da entziffert wird. Das Kind ist entzückt darüber, daß es überhaupt etwas zu entziffern vermag.

Manche Kinder reifen schneller, manche langsamer, und manche lernen viel früher lesen als andere. So variiert auch das Alter beträchtlich, in dem ein Kind Wörter „aus reinem Vergnügen" entziffert, doch sind die meisten Kinder darüber hinaus, sobald sie die erste Klasse halb oder ganz hinter sich gebracht haben. Nun, nachdem die Kinder gelernt haben, Wörter aus reinem Spaß entziffern, erwarten sie, daß etwas Interessanteres an die Reihe kommt. Aber an diesem kritischen Punkt erweisen sich ihre Fibeln als unzureichend, weil deren Verfasser der Ansicht sind, Wiederholungsübungen ergäben eine Geschichte, die Kindern Freude macht. Wenn die Geschichte, die das Kind sich übend und wiederholend erliest, dumm, langweilig und für die Intelligenz des Kindes, sein Selbstgefühl und sein aufkeimendes Interesse am Lesen geradezu eine Beleidigung ist, dann ist die Fertigkeit, die es mit dem Lesen einer solchen Geschichte erwirbt, sinnlos. Daß es für unsere Lehrmethoden in Amerika kennzeichnend ist, daß das Hauptgewicht auf die technischen Aspekte des Lesenlernens gelegt wird, nimmt den Kindern die Freude am Lesen und an Büchern.

Wird jedoch die neu erworbene Fähigkeit unmittelbar auf einen Inhalt angewendet, der so gut ist, daß er das Lesen entschieden zu einem Erlebnis macht, das der Mühe wert ist, dann wird die ziemlich inhaltsleere Leistung: „Jetzt kann ich Wörter entziffern" zu dem höchst befriedigenden Gefühl: „Ich lese etwas, das etwas Neues in mein Leben bringt." Aus diesem Grund sollte man die technischen Aspekte des Lesenlernens deutlich von der Einführung des Kindes in die Literatur trennen. Weit besser wäre jedoch, daß man diesen Prozeß des Lesenlernens in zwei Schritten vermeidet und daß das Kind von Anfang an aus seinem spontanen Wunsch heraus, lesen zu können, das heißt, selbst Bücher lesen zu können, das Lesen erlernt.

Tatsächlich lernen nicht wenige Kinder lesen, bevor sie in die Schule kommen, oder kurz danach, ohne daß man ihnen das Entziffern von Wörtern oder ähnliches beigebracht hätte. Sie lernen es daheim mehr oder weniger unabhängig davon, was man ihnen in der Schule beibringt. Solche Kinder haben sich ihre Freude am Lesen dadurch erworben, daß man ihnen vorgelesen hat. Ein Kind, das gern vorgelesen bekommt, lernt

Bücher lieben. Es ist beeindruckt vom Interesse der Eltern am Lesen und von ihrer Freude am Vorlesen und studiert mit regem Interesse die Geschichten, die es faszinieren. Ganz von sich aus fängt es an, bestimmte Wörter herauszulesen, und es lernt sie mit Hilfe der Eltern oder seiner älteren Geschwister erkennen. Auf diese Weise bringt sich ein Kind das Lesen selber bei.

Ich habe viele Vorschulkinder kennengelernt, die auf diese Weise lesen lernten, doch waren auch einige darunter, die zunächst die Wörter verkehrt herum lasen. Das kam daher, daß sie ältere Geschwister, die ihnen am Tisch gegenübersaßen, oder über ein Schreibpult hinweg beim Lesen beobachteten. Das kleinere Kind deutete dann auf bestimmte Wörter und fragte, was sie bedeuteten, und bekam die Erklärung, ohne daß das Buch herumgedreht wurde, so daß es die Worte zunächst auf den Kopf gestellt erkennen lernte. Kamen solche Kinder dann in die Schule, so fiel es ihnen anfangs schwer, die Wörter richtig herum zu lesen; aber da sie am Lesen großes Interesse hatten, lernten sie es bald.

Kindern, deren Interesse am Lesen schon zu Hause geweckt wurde, fällt es in der Schule leicht lesen zu lernen, und das sind dann die Kinder, die später in der Schule gut lesen können. Das Erziehungs-Establishment pflegt sie als Beweis dafür anzuführen, daß die beim Leseunterricht angewandten Methoden erfolgreich sind. Aber es waren nicht diese Methoden, die sie zu guten Lesern und später zu Bücherliebhabern gemacht haben. Man möchte geradezu sagen, daß diese Kinder diese Einstellung *trotz* der Erfahrungen erworben haben, denen sie in der Schule ausgesetzt sind. Wenn dem nicht so wäre, woher käme es dann, daß die Kinder gebildeter Eltern gegenüber ebenso begabten Kindern von weniger gebildeten Eltern in bezug auf ihre Schulleistungen so sehr im Vorteil sind? Woher käme es, daß so viele Kinder aus kulturell benachteiligten El-

ternhäusern später keine Leser werden, obwohl sie sich die nötigen Kenntnisse im Leben in der Schule erworben haben? Ein
Hauptunterschied zwischen den Kindern, die sich zu Hause
das Lesen selbst beibringen, und denen, die es erst in der
Schule lernen, ist der, daß erstere das Lesen anhand von Texten lernen, die sie interessieren, während die andern dadurch
lesen lernen, daß man ihnen das Entziffern und Erkennen von
Wörtern anhand von Texten einpaukt, deren Inhalt so banal
ist, daß er geradezu eine Beleidigung für die Intelligenz der Kinder darstellt.

Schulleistungen – ein Thema, an dem sich die Geister scheiden

> Du darfst also, mein Bester,
> die Knaben nicht zwangsweise
> in den Wissenschaften unterrichten,
> sondern spielend sollen sie lernen:
> so kannst du auch besser erkennen,
> wofür ein jeder von Natur bestimmt ist.
>
> Platon, *Der Staat, VII. Buch*

Über Schulleistungen sind Eltern und Kinder oft sehr verschiedener Meinung. Das gleiche Anliegen oder die gleiche Erfahrung können für beide Teile eine radikal andere Bedeutung haben. Manche Eltern, die sich wegen der Schulleistungen ihres Kindes Gedanken machen, tun dies, weil sie sich um seine Zukunft sorgen. Für das Kind bedeutet Zukunft jedoch soviel wie morgen oder bestenfalls in ein paar Tagen. Das Ende der Schulzeit oder gar das Erwachsensein ist noch unendlich weit entfernt und ist für das Kind etwas Unverständliches und Unvorstellbares. (Selbst Erwachsenen fällt es schwer, sich vorzustellen, was in fünfzehn Jahren sein wird.) Und eben weil das Kind keine Vorstellung von der Zukunft hat, ist das, was gerade jetzt geschieht, so überaus wichtig für es. Da die Unzufriedenheit seiner Eltern sich in der Gegenwart abspielt, ist sie dem Kind im Augenblick sehr wichtig, während die Ursache dieser Unzufriedenheit – die Sorge um seine Zukunft – ihm unverständlich ist.

Das sollte uns jedoch keineswegs die Tatsache vergessen lassen, daß für die meisten Kinder Erfolg in der Schule und das Interesse ihrer Eltern an ihren schulischen Leistungen von größter Wichtigkeit sind. Aber dieses Interesse sollte sich darauf beziehen, was Tag für Tag geschieht, denn so lebt das Kind, und so versteht es sein Leben. Die meisten Kinder verdanken ihren Erfolg in der Schule hauptsächlich ihrer positiven Beziehung zu ihren Eltern und deren Interesse an intellektuellen Dingen. Das Kind möchte Zugang gewinnen zu allem, was seinen geliebten Eltern wichtig ist, es möchte mehr über die Dinge lernen, die ihnen soviel bedeuten. Außerdem möchte es ihnen Freude machen und *jetzt* ihren Beifall finden (genau wie den des Lehrers und anderer Personen, die ihm wichtig sind). Fleißiges Lernen scheint ihm dann ein relativ einfacher Weg zu sein, das zu erreichen.

Das Kind, das gute Schulleistungen aufzuweisen hat, erntet reiches Lob. Seine Eltern sind mit ihm zufrieden, seine Lehrer loben es, es bekommt gute Noten. Wenn daher ein Kind mit der nötigen Begabung trotzdem in der Schule versagt, muß es dafür gewichtige Gründe geben, die für das Kind zwingender sind als alle Belohnungen für gute Leistungen. Um diesen Gründen auf die Spur zu kommen, müssen wir herausfinden, unter welchem Gesichtspunkt das Versagen in der Schule wünschenswerter erscheinen könnte als Schulerfolge. Wenn die Eltern *a priori* davon überzeugt sind, daß es einen solchen Standpunkt nicht geben kann, hindert sie das daran zu verstehen, weshalb ihr Kind in der Schule lieber versagt als Erfolg hat. Würden die Eltern dagegen versuchen, die Dinge vom Standpunkt ihres Kindes aus zu sehen, könnten sie dessen Gedankengänge begreifen und logisch finden. Noch wichtiger ist, daß dann der Streit zwischen ihnen beiden behoben würde und daß sie wüßten, wie sie ihr Kind dazu bewegen könnten, es sich noch einmal zu überlegen und eine Entscheidung zu treffen, die mit ihrer eigenen besser übereinstimmen würde.

Ein Beispiel hierfür boten Ella und ihre Eltern, die es sehr weit gebracht hatten und für die ihre eigenen akademischen Erfolge und die Schulleistungen ihrer Kinder äußerst wichtig waren. Ella jedoch war eine ziemlich mittelmäßige Schülerin,

ganz im Gegensatz zu ihrem älteren Bruder, der zur offensicht-
lichen Freude seiner Eltern ein sehr guter Schüler war. Nachdem auch Ella anfangs recht annehmbare Noten in allen
Fächern gehabt hatte, versagte sie plötzlich auf der ganzen Linie. Verständlicherweise beunruhigte das ihre Mutter sehr, die
sich schon seit Jahren Gedanken darüber gemacht hatte, daß
Ella so wenig Neigung zeigte, etwas zu lernen. Sie hatte versucht, das Mädchen nur noch zu bestimmten Zeiten fernsehen
zu lassen, und es dazu zu bringen, „gute" Bücher zu lesen – jedoch ohne Erfolg. Besprechungen mit den Lehrern brachten
kein Licht in die Angelegenheit; auch sie standen vor einem
Rätsel.

Die besorgte Mutter wußte sich keinen anderen Rat, als
einen Experten aufzusuchen und ihn zu fragen, wie sie das
Mädchen dazu bringen könne, gute Bücher zu lesen und in der
Schule mehr zu leisten. Sie sprach offen über ihre Sorgen, darüber, daß ihre Tochter sich nicht für Bücher interessiere, daß
sie mit ihren zahlreichen Freunden und Freundinnen herum-
bummle und ständig vor dem Fernseher sitze. Auch sprach sie
recht offen über das, was sie an ihrer Tochter sonst noch aus-
zusetzen hatte. Was sie jedoch nicht erwähnte, jedenfalls nicht
bis zu dem Zeitpunkt, als sie direkt nach ihren Familienver-
hältnissen gefragt wurde, war die Tatsache, daß ihr Mann sie
zu ihrem großen Kummer vor einigen Monaten verlassen
hatte. Diese Trennung war für sie offensichtlich so schmerzlich, daß sie es vermied, darüber zu sprechen oder auch nur
daran zu denken, obwohl es ihr durchaus klar war, daß hierdurch ernste Schwierigkeiten in der Familie entstanden waren.
Sie hatte das Gefühl, daß es sie nur noch mehr dazu verpflich-
tete, darauf zu achten, daß ihre Kinder nicht auf Abwege gerie-
ten. Aber als sie Ella ins Gewissen geredet hatte, in der Schule
mehr zu leisten, hatte sie damit nur das Gegenteil erreicht.

Es kam dieser Mutter nicht in den Sinn, daß ihre Tochter

für ihr Verhalten triftige Gründe haben könnte, und so dachte sie nicht darüber nach, welcher Art diese Gründe sein könnten. Statt dessen glaubte sie, das extreme Verhalten ihrer Tochter mit Faulheit und Vergnügungssucht ausreichend erklären zu können.

Wäre diese Mutter von der Überzeugung ausgegangen, daß ihre Tochter für ihr Verhalten ebenso triftige Gründe haben mußte wie sie selbst, wenn sie von ihr verlangte, daß sie gute Bücher lesen und sich mit ihren Schularbeiten befassen solle, dann hätte sie sich wohl gefragt, weshalb Ella plötzlich in allen Fächern nachließe, und nicht nur in dem einen oder anderen. In ihrer eigenen wissenschaftlichen Tätigkeit war die Mutter es gewohnt, sorgfältig alle Begleitumstände eines Falls zu untersuchen, bevor sie irgendwelche Schlüsse auf seine Ursachen zog. Aber als es um ihre Tochter ging, fragte sie sich nicht, welch wichtiger Grund eine so radikale Änderung der Schulleistungen bewirkt haben könnte oder welche anderen bedeutsamen Ereignisse sich etwa gleichzeitig mit dem Versagen in der Schule abgespielt hatten. Hätte sie sich diese Frage gestellt, wäre ihr natürlich eingefallen, daß es im Leben des Mädchens eine große Veränderung gegeben hatte, als nämlich der geliebte Vater die Familie verließ. Sie hätte erwogen, ob vielleicht ein Zusammenhang zwischen beiden Ereignissen bestand.

Ihre Angst, daß das Scheitern der Ehe für die Kinder destruktive Folgen haben könnte, und ihre Entschlossenheit, das zu verhindern, hielten sie davon ab, die wirklichen Absichten ihrer Tochter zu erkennen. Diese Angst und Entschlossenheit kamen zu ihrer Grundüberzeugung hinzu, daß es keinen einleuchtenden Grund für ein Versagen in der Schule geben konnte. Ihre geringe Meinung von den Motiven ihrer Tochter, die sie für Faulheit, Flatterhaftigkeit und seichte Vergnügungssucht hielt, und ihr Kummer darüber hinderten sie, nach einer verständnisvolleren Erklärung zu suchen. Überzeugt davon, daß ihre Ansicht über Ellas Motive richtig waren, konnte sie einfach nicht sehen, daß Ella genau dasselbe wollte wie sie: den Vater in die Familie zurückholen.

Während die Mutter dachte, daß das Versagen ihrer Tochter ein Beweis dafür sei, daß sie die Schule für unwichtig halte, hatte sich das Mädchen ganz im Gegenteil die Überzeugung seiner Eltern zu eigen gemacht, daß akademische Leistungen das Leben eines Menschen ändern und ihm helfen können, seine wichtigsten Ziele zu erreichen. So war sie zu dem Entschluß gelangt, sich der Tatsache zu bedienen, daß der Vater Schulleistungen für außerordentlich wichtig hielt, um das zu erreichen, was ihr in diesem Augenblick das höchste Ziel war: ihn zu veranlassen, in seine Familie zurückzukehren. Ella war klug genug, um sich zu sagen, daß der Vater die Tatsache, daß sie in der Schule weiter mitarbeite, so auslegen würde, daß zu Hause trotz seines Weggehens noch immer alles glatt liefe. Dann bräuchte er nicht zurückzukomen. Wenn sie dagegen völlig versagte – was bisher noch nie vorgekommen war –, dann würde ihn das vielleicht so beunruhigen, daß er alles wieder rückgängig machte. Er würde wieder heimkommen, und sie würde wieder anständige Noten bekommen. Daß sie in allen Fällen versagte, sollte dazu dienen, ihn zurückzuholen, obwohl sie bewußt nur das Gefühl hatte, ohne die Unterstützung ihres Vaters einfach versagen zu müssen. Die ganz von ihren eigenen Problemen in Anspruch genommene Mutter wollte nur weiteren Kummer in der Familie vermeiden. Ella war optimistischer: Sie glaubte, daß man das Weggehen des Vaters wieder rückgängig machen könne, und versuchte, dies mit den ihr zur Verfügung stehenden Mitteln herbeizuführen. In bezug auf das, was das Wichtigste für sie war, stimmte sie völlig mit ihrer Mutter überein, nur merkte diese das nicht.

So kann ein Verhalten, das darauf hinzuweisen scheint, daß Eltern und Kind völlig verschiedene Ziele verfolgen, tatsächlich vom gleichen Ziel motiviert sein, auch wenn beide es mit verschiedenen Mitteln zu erreichen versuchen. Natürlich hat sich Ella naiv und unreif verhalten, ohne eventuelle spätere Folgen zu bedenken. Aber wie hätte sie in ihrem Alter anders handeln können? Und was hätte sie tatsächlich anderes tun können, um auf ihren Vater einen nachhaltigen Eindruck zu machen?

Häufiger, als die meisten Eltern sich das klarmachen, verfolgt ihr Kind dasselbe Ziel wie sie. Es ist ihnen so innig verbunden, sein Leben ist so stark mit ihrem Leben verflochten, daß es gar nicht anders kann, als intuitiv auf das zu reagieren, was in ihnen vorgeht. Kinder reagieren oft weniger auf das, was ihre Eltern bewußt beschäftigt, als darauf, was in ihrem Unbewußten vorgeht. Da Kinder sehr viel stärker als Erwachsene unter dem Einfluß ihres Unbewußten stehen, reagieren sie in erster Linie auf das Unbewußte ihrer Eltern. In der Welt der Kinder, in der die Sonne mit den Eltern auf- und untergeht und in der den Eltern alles möglich zu sein scheint, zählt das, was wir als objektive Realität bezeichnen, nur wenig.

Sosehr die Mutter auch wünschte, ihr Mann möge wieder heimkommen, schien es für sie als einem realistischen Menschen, der die Welt und vor allem ihren früheren Mann kannte, doch ein hoffnungsloser Fall zu sein. So sehr sie sich auch wünschte, daß er wieder mit seiner Familie zusammenlebte, ihre Gefühle für ihn waren doch zwiespältig, da sein Weggehen sie sehr verletzt hatte. Nach dem, was er ihr angetan hatte, konnte sie nur mit gemischten Gefühlen an ihn denken. Da sie überzeugt war, daß nichts ihn veranlassen würde zurückzukehren, kam sie gar nicht erst auf den Gedanken, daß das Verhalten ihrer Tochter von deren Wunsch, er möge zurückkommen, motiviert sein könnte. Ellas Gefühle für ihren Vater waren nicht ambivalent, daher reagierte sie nur auf die eine Seite der Ambivalenz ihrer Mutter, auf diejenige, welche die Familie wieder vereinigt sehen wollte. Da diese Seite mit ihren eigenen Wünschen übereinstimmte, suchte sie sie mit großer (wenngleich unbewußter) Entschiedenheit durchzusetzen, und sie begriff nicht, weshalb ihre Mutter die Situation nicht so sah wie sie. Da sie in der Gegenwart lebte, machte sie sich im Gegensatz zu ihrer Mutter keine Gedanken über ihre Zukunft. Sie fühlte nur ihren realen und unablässigen Kummer über den Verlust ihres Vaters.

Das Mädchen kannte seinen Vater nicht mit der Erfahrung der Mutter als Ehegatten oder als erwachsenen Mann mit vielen Interessen außerhalb seines Heims. Sie kannte ihn im wesentlichen nur als ihren Vater – alles andere an ihm besaß für sie kaum Realität. Jetzt, wo diese ihr so überaus wichtige Vater-Tochter-Beziehung zerbrochen war, konnte sie an nichts anderes denken als an ihren Wunsch, sie wiederherzustellen. Sie war nicht in der Lage, die Beziehung zwischen ihren Eltern so zu sehen, wie sie wirklich war. Sie sah sie so, wie sie sie als Kind zu sehen wünschte. Von ihrem Standpunkt aus schien die Rückkehr des Vaters viel leichter zu bewerkstelligen als vom Standpunkt der Mutter aus, und so tat sie alles, was in ihren Kräften stand, um ihre eigenen Wünsche und die ambivalenten Wünsche ihrer Mutter zu erfüllen.

Das Bedauerliche an diesem Fall war, daß Ellas Mutter nur sah, daß ihre Tochter sich dem größten Wunsch, den sie für sie hegte, widersetzte, und nicht, daß das Mädchen genau das zu erreichen versuchte, was sie beide sich am meisten wünschten. So konnte sie auch nicht sehen, daß ein versäumtes Schuljahr ein sehr geringer Preis gewesen wäre, wenn ihr Mann dazu gebracht werden hätte können, wenigstens seine Funktion als Vater zu erfüllen.

Man kann die Gefühle, die uns bewußt sind, mit der Spitze eines Eisbergs vergleichen, während unsere unbewußten Gefühle und Motive genau wie die Masse des Eisbergs unsichtbar bleiben. Ellas Versagen in der Schule war eine Reaktion auf ihre innere Not, eine Reaktion, die ihr von Kräften eingegeben wurde, die sich größtenteils unter der Oberfläche befanden – von Impulsen, die aus ihrem Unbewußten kamen. Daher wäre es ein Irrtum, annehmen zu wollen, daß ihr Versagen in der Schule das Resultat eines sorgfältig ausgeklügelten Plans war, dessen sie sich mehr oder weniger bewußt gewesen wäre. Die Prozesse, durch die das Unbewußte wirksam wird, sind unbekannt, chaotisch und verworren. Die Motive sind sehr gemischt, und oft widersprechen sie sich. Nur einige dieser Elemente gelangen zeitweilig ins Bewußtsein, in Form von plötzlich aufblitzenden Gedanken, die sofort wieder ins Unbewußte zurückgedrängt werden. Ella mag kurz gedacht haben: „Wenn ich in allen Fächern versage, wird das meinen Eltern zeigen, wie schlecht es mir dadurch geht, daß sie sich getrennt haben. Es wird meinen Vater veranlassen, etwas zu unternehmen." Aber da sie vor solchen Gedanken ebenso sehr Angst hatte wie vor den Konsequenzen, die es haben würde, wenn sie sie befolgte, verdrängte sie sie wieder. Das hinderte sie jedoch nicht, aktiv zu werden, ohne daß sie sich bewußt war, was sie da tat und warum sie es tat.

Unser Unbewußtes bestimmt nicht nur vieles von dem, was uns zu unseren Handlungen treibt, wir wissen auch selten, welche Motive wirklich hinter unserem Handeln stehen. Fast stets ist unser Handeln auch „überdeterminiert", das heißt, es ist das Ergebnis verschiedener zusammenlaufender Elemente, die Niederschläge früherer Erfahrungen und Gefühle sind. Ellas Versagen in der Schule mag unbewußt als Demonstration gedacht gewesen sein, die beiden Eltern zeigen sollte, wie verheerend die Scheidung für sie war. Es ist aber mit größter Wahrscheinlichkeit auch noch auf andere psychische Prozesse zurückzuführen, von denen einige weit zurückreichen und die sich in ihrem Unbewußten abspielen. Wenn man die Situation, in der sich diese Mutter und ihre Tochter befanden, auf dem Hintergrund von Erfahrungen aus vielen ähnlichen Situationen interpretiert, kann man sicher sein, daß der Grund für Ellas Verhalten auch in früheren Erfahrungen zu suchen ist, die sie schon gemacht hatte, bevor der Vater seine Familie verließ, und daß sein Fortgehen vielleicht nur verschlimmerte, was schon seit langem in ihr vorgegangen war. Ihr früheres Unvermögen – denn es war keine Weigerung, wie ihre Mutter annahm –, sich für gute Bücher zu interessieren, könnte darauf zurückzuführen sein, daß sie schon seit langem gemerkt hatte, daß ihre Eltern sich mehr für Kultur und alles, was damit zusammenhängt, interessierten als für sie. Sie mag gefühlt haben, daß sie viel zuviel Zeit auf ihre Interessen verwandten und sich viel zuwenig mit ihr beschäftigten, so daß sie schließlich das haßte, was das gesamte Interesse ihrer Eltern in Anspruch zu nehmen schien. Hierdurch war sie selbst nicht mehr in der Lage, sich ernsthaft damit zu beschäftigen.

Ob es den Tatsachen entspricht oder nicht, alle Kinder haben zeitweise das Gefühl, daß ihre Eltern sich weit mehr für andere Dinge interessieren als für sie. Dann hängt alles davon ab, ob die Eltern durch ihr Verhalten der Angst ihres Kindes genügend entgegenwirken und es überzeugen können, daß es im Mittelpunkt ihres Interesses und ihrer Liebe steht. Auch aus diesem Grunde ist es so überaus wichtig, daß die Eltern das, was ihr Kind ist und tut, billigen. Nur wenn ein Kind sicher ist, daß seine Eltern grundsätzlich mit ihm einverstanden sind, wird es ohne Schaden hinnehmen können, daß es gelegentlich auch von ihnen getadelt wird – was unvermeidlich ist, da es ja erzogen werden soll. Andernfalls besteht die Gefahr, daß das Selbstvertrauen des Kindes und sein Vertrauen in den guten Willen seiner Eltern zerstört werden oder daß es das, was seine Eltern repräsentieren, empört ablehnt und sich ihren Wünschen widersetzt. Genau das scheint bei Ella der Fall gewesen zu sein.

Das höchst Bedauerliche an der Situation war, daß Ella nicht fähig war, sich mit ihrer Mutter auszusprechen. Es war ihr nicht bewußt, woher ihr mangelndes Interesse an der Schule und ihr Widerwille gegen „gute" Bücher, die ihre Mutter ihr aufzwingen wollte, kamen. Aber selbst wenn sie die Gründe für ihr Verhalten gekannt hätte, hätte sie sie doch nicht äußern können, da sie fühlte, daß sie völlig unannehmbar sein würden. Es ist traurig, wenn Eltern sich nicht klar darüber sind, wie wichtig sie für ihre Kinder sind. Wenn die Mutter Ellas Ablehnung guter Bücher von diesem Standpunkt aus überdacht hätte, hätte sie sich fragen müssen: Wie kommt es, daß mein Kind sich für etwas, das mir und ihrem Vater so wichtig ist, nicht interessiert? Und sie wäre vielleicht zu dem Schluß gekommen: Eben darum, *weil* es uns so wichtig ist! Das hätte sie dann leicht zu der Erkenntnis führen können, daß Ella nichts von guten Büchern wissen wollte, weil sie selbst für ihre Eltern das Allerwichtigste zu sein wünschte. Das hätte die Mutter vielleicht auf den Gedanken gebracht, das Problem anders anzugehen und dem Mädchen nicht mit Kritik in den Ohren zu liegen. Sie hätte dann vielleicht erkannt, wie verwundbar ihre Tochter tatsächlich war und wie sehr sie die liebevolle Aufmerksamkeit ihrer Eltern brauchte.

Die Lösung für dieses und viele andere scheinbar unlösbaren Probleme zwischen Eltern und Kind ist *nicht*, das Kind den Wünschen der Eltern gefügig zu machen, was diesen so oft die einzig annehmbare Lösung zu sein scheint, auf die sie all ihre Kräfte konzentrieren. Wenn man sich vielleicht auch im Augenblick durchsetzt, so gelingt das nur, indem man dem Kind eine Niederlage beibringt, die seinem Selbstvertrauen schadet. Außerdem besteht die Möglichkeit, daß das Kind am Ende die Oberhand behält – nicht unbedingt in dem gerade aktuellen

Fall, aber vielleicht bei anderen, wichtigeren Auseinandersetzungen. Das könnte einen Keil zwischen das Kind und seine Eltern treiben und dazu beitragen, daß es sich ihnen im Verlauf seiner Entwicklung zum Erwachsenen schließlich entfremdet.

Da das Kind nicht über den Augenblick hinaussehen und sich nicht vorstellen kann, daß es für die Lösung eines Problems auch noch andere Wege geben könnte als den, den es im Sinn hat, sind es die Eltern, die eine Lösung finden müssen, welche sowohl ihren eigenen Ansichten als auch denen ihres Kindes einigermaßen gerecht wird. Um das zu erreichen, müssen wir die Motive unserer Kinder kennen und ihnen Glauben schenken. Wenn wir entdecken wollen, welcher Art sie sind, müssen wir von der Annahme ausgehen, daß es sich genau wie bei uns nur um Motive handeln kann, die es für gut hält. (Natürlich merkt man diesen Motiven seine Einstellung, sein Alter und die kindliche Beurteilung der Situation an.) Wenn wir so vorgehen, geben wir unserem Kind das Gefühl, daß wir *gemeinsam mit ihm* versuchen, eine Lösung für das anstehende Problem zu finden, und nicht *gegen es* und seine Wünsche handeln. Dann können wir ruhig auch die Frage stellen, ob sich nicht doch vielleicht ein besserer Weg finden ließe, das gewünschte Ziel zu erreichen, wir können die Köpfe zusammenstecken und gemeinsam nach einer besseren Lösung suchen.

All das wäre nicht so schwer, wenn wir uns unserem Kind gegenüber vernünftig verhalten könnten. Wenn man gerecht sein will, ist es sehr wichtig, daß man dem anderen das Recht zugesteht zu zweifeln. Aber durch die enge Verbundenheit mit unserem Kind macht es uns unglücklich, wenn es sich anders verhält, als wir uns das wünschen. Es verletzt uns so sehr, daß unsere emotionale Reaktion verhindert, gute Motive hinter einem solchen Verhalten zu vermuten. Die Sache wird noch dadurch erschwert, daß gerade diese enge Verbundenheit mit unserem Kind uns zu der Annahme verführt, wir *wüßten* be-

reits, welches seine Motive seien – schließlich haben wir es ja
in die Welt gesetzt, haben wir es alles, was es weiß, gelehrt und
es Tag und Nacht versorgt. Es scheint uns daher nicht mehr
nötig, nach seinen Motiven zu forschen. Es ist ein merkwürdi-
ges Paradox, daß gerade die Liebe zu unserem Kind die Ursache
dafür ist, daß wir ihm nicht gerecht werden. Nur wenn wir unsere emotionale enge Verbundenheit und Empathie mit der
nötigen Objektivität koppeln, so daß wir in der Lage sind, die
Dinge auch von seinem Standpunkt aus zu sehen, können wir
seine wahren Motive entdecken, d. h., kann das Kind sie uns
offenbaren. Dazu müssen wir zeitweise aus unserem Bezugs-
rahmen in den unseres Kindes überwechseln, um die Situation
zu überprüfen.

Alle Eltern-Kind-Situationen sind mit Gefühlen geladen.
Das ist unvermeidlich und muß auch so sein, denn nur wenn
unser Verhalten unsere positiven Gefühle für unser Kind erkennen läßt, kann dieses zu der Überzeugung gelangen, daß es
uns wichtig ist – eine Erfahrung, die es unbedingt braucht, um
glauben zu können, daß es auch anderen wichtig sein kann.
Wenn es für das Kind auch noch so schmerzlich ist, bei seinen
Eltern negative Gefühle zu erregen, so ist das immer noch besser, als wenn es gar keine Reaktion hervorruft. Emotional kalte
und gleichgültige Eltern werden mit ziemlicher Sicherheit
emotional gehemmte oder stark aggressive Kinder haben.

Aber es gibt auch andere Gefahren. Eltern, die über irgend
etwas, was vielleicht nichts direkt mit ihrem Kind zu tun hat,
ärgerlich sind, regen sich oft über eine geringfügige Unart auf,
wobei sie ihren angestauten Emotionen freien Lauf lassen. Das
Kind erkennt dann instinktiv, was vorgeht, und ist tief beküm-
mert darüber. Wie wir alle möchte es sich nur mit Emotionen
auseinandersetzen, die sich tatsächlich auf es selbst beziehen.

Eine weitere Fallgrube, in die auch sehr vernünftige Eltern
oft hineinstolpern, ist, daß sie glauben, eine starke emotionale

Bindung an ihr Kind zu haben, während dieses der Meinung ist, es sei ihnen völlig gleichgültig. Das kann der Fall sein, wenn die Eltern immer wieder energisch betonen, wie wichtig gute Schulleistungen seien, und wenn sie übertrieben auf ein Versagen in der Schule reagieren. Wenn wir uns Gedanken machen über die Zukunft unseres Kindes, über sein Ansehen bei Lehrern und Klassenkameraden, über sein Selbstvertrauen und vielleicht sogar über den Ruf unserer Familie, so kann das einem sonst ganz vernünftigen Wunsch einen allzu hitzigen Anstrich geben. Unglücklicherweise empfinden manche Kinder diese Sorgen über ihre Schulleistungen negativ. Unter bestimmten Umständen kann ein Kind das Gefühl bekommen, daß wir uns nur für seine Leistungen in der Schule und nicht für es selbst, als Person, interessieren. Das kann es dazu bringen, alles, was es in der Schule lernen soll, zu verabscheuen, wenn es nämlich glaubt, dies sei uns wichtiger als *es selbst*.

Auch hier ist zu sagen: Wenn wir die Dinge vom Standpunkt des Kindes aus zu sehen versuchen, indem wir uns in eine ähnliche Situation in unserem eigenen Leben zurückversetzen, wird es uns meist gelingen, ihm gerecht zu werden. So machen viele Menschen zum Beispiel in ihrem Beruf die Erfahrung, daß nur das Interesse findet, was bei ihrer Arbeit herauskommt, und es keinen Menschen kümmert, ob es ihnen Freude macht oder wieviel Mühe sie darauf verwenden mußten. Unter solchen Umständen entsteht das Gefühl, daß man eher ausgenutzt als anerkannt wird, daß man mehr als Objekt denn als Subjekt, mehr als Maschine denn als Person behandelt wird.

Handelt es sich jedoch um unser Kind und seine Schulleistungen, dann sind wir überzeugt, daß unser Interesse an seinen Leistungen und unsere Besorgnis gleichbedeutend mit unserem Interesse an ihm selber sind, und auch von *ihm* erwarten wir, daß es das weiß. Aber das Kind empfindet das anders. Und weder Faulheit noch mangelndes Interesse ist der Grund, weshalb es nicht fleißig lernt. Der Grund ist vielmehr seine tiefe Enttäuschung darüber, daß es das Gefühl hat, daß wir uns mehr für seine Leistungen interessieren als für *es selbst* als Person. Es kann soweit kommen, daß es die Schule und alles, was damit zusammenhängt, verabscheut, daß es die Schularbeiten so sehr haßt, daß es tatsächlich nicht mehr in der Lage ist, sie zu machen. Wer von uns kann etwas, das ihm verhaßt ist, erfolgreich erledigen?

Ein anderes Kind, das sich aus irgendeinem Grund von seinen Eltern aus dem Feld geschlagen fühlt, wird sich möglicherweise weigern, gute Leistungen zu bringen, weil das die einzige Möglichkeit für es ist, mit seinen Eltern den Kampf aufzunehmen und sie vielleicht seinerseits zu schlagen, nachdem sie ihm diese Niederlage beigebracht haben. Und wieder ein anderes Kind glaubt sich beweisen zu müssen, daß es keine Marionette ist, die an den Schnüren seiner Eltern und Lehrer hängt. Es versucht dann, sich dagegen zu wehren und seine eigene Stärke zu beweisen, indem es in der Schule nicht mehr mitmacht.

Obwohl ich sagte, manche Kinder „glaubten", die Schularbeiten seien die eigentliche Ursache für ihre Schwierigkeiten mit den Eltern, kommt es noch weit häufiger vor, daß vage – aber nichtsdestoweniger äußerst beunruhigende – *Eindrücke* für sie so schmerzhaft und angsterregend sind, daß sie sie nicht ins Bewußtsein dringen lassen. Wenn sie erst einmal verdrängt sind, werden diese Eindrücke dem Bewußtsein des Kindes unzugänglich. Sie üben jedoch auch weiterhin einen starken Einfluß aus. Das Ergebnis, daß das Kind nicht mehr in der Lage ist, sich den verhaßten Schularbeiten zu widmen, obwohl es keine Ahnung hat, weshalb sie ihm so verhaßt sind oder warum es ihnen um jeden Preis aus dem Weg gehen muß, selbst wenn es ihm den Tadel seiner Eltern einträgt, den es am meisten fürchtet.

Ein dringender Wunsch, den wir verdrängen, um ihm nicht nachgeben zu müssen, übt auch weiterhin in unserem Unbewußten einen Druck aus, der viel stärker ist, weil unser Bewußtsein ihn nicht mehr unter Kontrolle hat. Was die Dinge noch verschlimmert, ist, daß wir überhaupt nicht mehr wissen, weshalb wir diesen Wunsch hatten, noch worum es überhaupt ging. Was ursprünglich der Wunsch war, etwas auf eine bestimmte Weise zu tun, wird jetzt zu einer irrationalen Macht, die uns zwingt, uns auf eine Weise zu verhalten, die wir weder erklären noch unter Kontrolle halten können.

Es ist dieser merkwürdige Widerspruch, der die Verdrängung und ihre Auswirkungen so schwer verständlich macht. Was verdrängt wurde, damit es nicht mehr die Macht hat, uns zum Handeln zu verführen, wird zu einer Macht, die uns zum Handeln verführt. Wenn es schon Erwachsenen schwerfällt, diese Wirkung des Unbewußten zu verstehen, wie könnten dann Kinder sie begreifen? Sie werden im Gegenteil nur noch zorniger, weil sie sich nicht daran hindern können, etwas zu tun, was sie bewußt nicht tun möchten, wie zum Beispiel sich den Wünschen der Eltern widersetzen. Wenn die Eltern ihnen wegen der Schularbeiten Vorwürfe machen, sind sie über sich selbst verzweifelt, weil sie sich nicht dazu bringen können, das zu tun, was sowohl ihnen selbst als auch den Eltern Freude machen würde. Wenn man sich nicht dazu bringen kann, das zu tun, was man gern tun möchte, so ist das eine höchst frustrierende, beängstigende Erkenntnis der eigenen Machtlosigkeit, denn es bedeutet, daß man das eigene Handeln nicht unter Kontrolle bekommt. Um sich seine Ohnmacht nicht einzugestehen, sieht sich das Kind gezwungen zu behaupten, es *wolle* das nicht tun, wozu es sich in Wirklichkeit nicht überwinden kann. Wie anders könnte sich das Kind wohl diese Situation erklären?

Wir haben heute den Eindruck, daß Freuds grundlegende Abhandlung über die Verdrängung, die er 1915 geschrieben hat, sich unmittelbar auf dieses Problem bezieht: „Hier [im Fall von Zwangsneurosen] gerät man zuerst in Zweifel, was man als die der Verdrängung unterliegende Repräsentanz anzusehen hat, eine libidinöse oder eine feindselige Strebung. Die Unsicherheit rührt daher, daß die Zwangsneurose auf der Voraussetzung einer Regression ruht, durch welche eine sadistische Strebung an die Stelle der zärtlichen getreten ist. Dieser feindselige Impuls gegen eine geliebte Person ist es, welcher der Verdrängung unterliegt ...", und man könnte hinzufügen: eben weil diese Person so geliebt wird. Je mehr wir jemanden lieben, um so mehr fühlen wir uns veranlaßt, jedes negative Gefühl, das wir gegen ihn hegen, völlig zu verdrängen.

So kann ein Kind, das nicht mehr fähig ist zu lernen, weil es sich ursprünglich seinen Eltern damit widersetzen wollte, dann aber aus Angst diesen Wunsch verdrängt hat, die Frage, ob es seine Eltern liebt, ohne Zögern mit „ja" beantworten. Und die Antwort wäre wahr, da ja eben diese Liebe die Ursache seines Kummers darüber war, daß seine Schulleistungen seinen Eltern wichtiger waren als es selbst. Das Kind würde die Auffassung, daß es damit, daß es nichts für die Schule lernt, den Eltern die Stirn bietet, als unverständlich zurückweisen, weil es ja sein Motiv verdrängt hat und dieses damit seinem Bewußtsein nicht mehr zugänglich ist. Wenn man es fragen würde, warum es denn nicht lernen wolle, wo doch seine von ihm geliebten Eltern das so dringend wünschen, würde es – durch diesen Widerspruch völlig verblüfft – nur sagen können: „Ich möchte ja lernen, aber ich kann es einfach nicht." Das ist alles, was es weiß. Kein Wunder, daß Eltern wie Kind durch diesen Widerspruch völlig durcheinander sind.

Ich sagte bereits zu Anfang, daß alles, was sich im Unterbewußtsein der Eltern abspielt, das Kind beeinflußt. Aber auch die Eltern reagieren, ohne es zu merken, auf die unbewußten Regungen ihres Kindes. In der Regel fühlen sie sich verpflichtet, die noch begrenzten Fähigkeiten und das noch geringe Wissen ihres Kindes zu respektieren und positiv zu reagieren. Sie geben sich Mühe, Lösungen für die Probleme zu finden, mit denen das Kind alleine nicht fertig wird. Wenn jedoch ihre bewußte Angst, das Kind werde es zu nichts bringen, weil es in der Schule versagt, noch durch das unbewußte Gefühl verstärkt wird, daß dies auf seinen Trotz zurückzuführen sei, dann verlieren viele die Geduld. Da sie im Verhalten ihres Kindes dieses unbewußte Aufbegehren spüren, neigen sie dazu, einen ständig wachsenden Druck auf das Kind auszuüben. Diesen Druck und die dahintersteckenden intensiven Emotionen spürt das Kind, und es nimmt das als Beweis, daß nur seine Leistungen den Eltern wichtig sind, was es tief verletzt. Dies verstärkt wiederum sein unbewußtes Aufbegehren, so daß es jetzt nicht nur die Schule, sondern auch seine Eltern haßt. Dies wiederum erzürnt die Eltern noch mehr, und beide werden immer unglücklicher.

Versuche, solche Pattsituationen durch den Besuch einer Sonderschule zu beheben, haben nur eine geringe oder bestenfalls begrenzte Wirkung, da der ursprüngliche Konflikt zwischen Eltern und Kind und nicht zwischen Kind und Schule bestand. Was man auch immer damit erreichen mag, wenn man Fachleute heranzieht, den zugrunde liegenden unbewußten Konflikt kann man damit nicht beseitigen. Das können nur die Eltern selbst, indem sie zunächst damit aufhören, auf das Kind Druck auszuüben, und ihm dann die Befürchtung nehmen, daß sie sich mehr für seine Leistungen als für es selbst interessieren.

Wenn die Eltern erst einmal erkannt haben, daß die Unfähigkeit ihres Kindes, in der Schule voranzukommen, darauf beruht, daß es meint, seine Leistungen seien den Eltern wichtiger als es selbst mit seinen individuellen Bedürfnissen, Wünschen und Ängsten, dann werden ihre Bemühungen, es davon zu überzeugen, daß sie wirklich nur an ihm selbst interessiert sind, daß sie es lieben und glücklich wissen wollen, die Situation von Grund auf ändern. Wenn sie dem Kind erklären, daß ihre Sorgen wegen seiner Schulleistungen – wie sie jetzt erkannt haben – unberechtigt waren und nur einen kleinen Teil ihrer intensiven Sorge um sein Wohlbefinden im allgemeinen ausmachten, dann wird dies auf das Kind beruhigend wirken. Und wenn auch die Eltern, nachdem ihnen das klargeworden ist, ihre Einstellung ändern, wird das dem Kind die Möglichkeit geben, sich bewußt zu werden, aus welchen Motiven heraus es sich geweigert hatte, für die Schule zu lernen. Da seine Eltern jetzt alles verstanden haben, braucht es diese Motive nicht länger zu verdrängen, denn was die Eltern bei ihm akzeptieren, kann das Kind auch selbst annehmen. So wird es sich mehr oder weniger bewußt, was da in seinem Unbewußten vor sich ging. Das ermöglicht es ihm, seine Motive unter Kontrolle zu bekommen. Es kann jetzt frei darüber entscheiden, ob es in der Schule etwas leisten will oder nicht.

Freud pflegte die Zwangsneurose theoretisch damit zu erklären, daß der unbewußte feindselige Trieb, sich den Eltern zu widersetzen, an die Stelle einer ursprünglich liebevollen Zuneigung getreten ist, die nach dem Empfinden des Kindes von seinen Eltern dadurch vereitelt und zurückgewiesen wurde, daß diese einseitig Wert auf gute Leistungen in der Schule legten. Wenn nun aber die unbewußte Angst des Kindes, nicht geliebt zu werden, durch die veränderte Einstellung der Eltern beseitigt ist – wenn sie dem Kind zu erkennen geben, daß sie es so, wie es nun einmal ist, akzeptieren –, dann braucht es seine liebevollen Impulse nicht länger zu verdrängen. Sie müssen nicht mehr durch entgegengesetzte Gefühle ersetzt werden, sondern können sich offen zeigen.

Noch bösartiger als schlechte Schulleistungen wirkt sich eine „Schulphobie" aus, bei der das Kind sich weigert, überhaupt noch in die Schule zu gehen, weil allein der Gedanke daran es mit unüberwindlicher Angst erfüllt. Diese Phobie kann verschiedene Ursachen haben, die häufigste dürfte jedoch – vor allem bei kleinen Kindern – der Wunsch sein, nicht erwachsen zu werden und für immer das kleine Kind seiner Eltern zu bleiben. Kinder wissen, daß zur Schule gehen soviel bedeutet wie erwachsen zu werden. Sie wissen, daß die Schule es mit sich bringt, daß man kindliche Befriedigungen aufgeben muß. Allerdings ist das nur selten ein genügend starkes Motiv für eine Schulphobie. Es muß noch die weit wirksamere Angst des Kindes hinzukommen, es werde, wenn es älter und erwachsener sei, das enge Verhältnis zu seinen Eltern, besonders zu seiner Mutter, einbüßen.

Manche Kinder, die trotz ihrer Angst gezwungen werden, zur Schule zu gehen, entwickeln schwere psychosomatische Beschwerden, denn Kranksein ist ein annehmbarer Grund, zu Hause bleiben zu dürfen. Sie können Symptome entwickeln wie zwanghaftes Erbrechen, das auf drastische Weise das Gefühl zum Ausdruck bringt, daß schon allein der Gedanke an die Schule Übelkeit erregt, oder auch migräneähnliche, rasende Kopfschmerzen, so als ob das Kind demonstrieren wolle, daß sein Kopf es nicht aushält, in die Schule gehen zu müssen. Ein Mädchen, das trotz seines verzweifelten Flehens, zu Hause bleiben zu dürfen, von seinen Eltern gezwungen wurde, in die Schule zu gehen, entwickelte eine Anorexie und wurde, da es nichts mehr aß, so schwach, daß es tatsächlich nicht mehr in Frage kam, es in die Schule zu schicken. Gewöhnlich ist das vom Kind entwickelte Symptom überdeterminiert in dem Sinn, daß es auch auf irgendwelche andere psychische Schwierigkeiten zurückgeht, die in die Angst vor der Schule einmünden. So reaktivierte die Schulphobie zum Beispiel bei dem Mädchen mit der Magersucht ernste Konflikte mit der Mutter aus seiner frühen Kindheit, bei denen es darum ging, daß das Kind zum Essen gezwungen wurde. Der Grund dafür war, daß die Mutter das Kind abgelehnt hatte. Hierauf hatte dieses seinerseits damit reagiert, daß es das Essen verweigerte. Zuweilen wird die unbewußte Angst des Kindes, den engen Kontakt zur Mutter zu verlieren, noch durch die Befürchtung verstärkt, daß jüngere Geschwister, die daheim bleiben, das Schulkind bei der Mutter verdrängen könnten. Die Krankheit wird dann nicht nur dazu benutzt, zu Hause bleiben zu können und auf diese Weise nicht vergessen zu werden, sondern um noch mehr von der Fürsorge der Mutter abzubekommen als zuvor. Die Pflege, welche die Krankheit des Kindes erfordert, ist ein Gewinn, der das Daheimbleiben in nächster Nähe der Mutter noch attraktiver macht.

In mehreren dieser Fälle genügte die Zusicherung, daß das Kind nicht in die Schule zurück müsse, um die Krankheit zum Verschwinden zu bringen. Das Kind mußte allerdings das Gefühl haben, daß die Eltern es mit ihrem Versprechen ernst meinten. Es durfte dann eine Zeitlang ruhig zu Hause bleiben und bekam Privatunterricht, bei dem es normale Fortschritte machte. Hinterher war es dann aus freiem Willen bereit, wieder in die Schule zu gehen.

Diese Therapie hilft nicht immer, vor allem dann nicht, wenn die zugrunde liegende Ursache eine starke allgemeine Furcht vor dem Erwachsenwerden ist. In einem besonders extremen Fall hatten die Eltern in dem betreffenden Kind einen Ersatz für ihre erste Tochter gesehen, die im Alter von dreizehn Jahren plötzlich gestorben war. Das zweite Kind, das ebenfalls ein Mädchen war, wußte nicht nur, daß es für die Eltern ein Ersatz war, sondern daß diese sich auch wünschten, daß es seiner verstorbenen Schwester, die es nie gekannt hatte, aufs Haar gleiche. Das brachte es auf den Gedanken, daß es im gleichen Alter – nämlich mit dreizehn Jahren – ebenfalls sterben müsse. Es konnte nichts dagegen tun, daß es älter wurde, ein Prozeß, den das Versetztwerden in die nächste Klasse symbolisierte. Aus dem zwanghaften Bedürfnis heraus, sein Leben zu retten, tat dieses Kind alles, um nicht in die Schule gehen zu müssen. Dieses Mädchen konnte nur durch eine längere Therapie geheilt werden, bei der es davon überzeugt wurde, daß es kein Duplikat seiner Schwester, sondern eine völlig eigenständige Persönlichkeit war.

Das Tragische an solchen Situationen ist, daß das Kind die Bemühungen seiner Eltern, es in die Schule zu schicken, als Beweis dafür nimmt, daß sie es – wenn sie es sich auch nicht ganz vom Hals schaffen werden – daran hindern wollen, weiterhin ein Kind zu bleiben. Wenn Eltern ein solches Kind zwingen, in die Schule zu gehen, so erreichen sie nicht nur nichts, es ist das Verkehrteste, was sie tun können, da es dem Kind zu beweisen scheint, wie gerechtfertigt seine Befürchtungen waren. In dieser Situation bewirkt die Schule und alles, was damit zusammenhängt, eine Entfremdung zwischen Kind und Eltern. Wesentlich ist dann, daß die Eltern durch ihr Verhalten das Kind davon überzeugen, daß es so extreme Methoden nicht anzuwenden braucht, daß es ihre Liebe und Zuneigung nie verlieren wird – komme, was wolle.

In solchen oder ähnlichen Fällen müssen die Eltern Einfühlungsvermögen entwickeln und sich darüber klarwerden, daß das Kind aus einem allgemeinen Unsicherheitsgefühl heraus leidet und daß es ihm besonders darum geht, seinen Eltern als Person wichtig zu sein. Nur dieses Einfühlungsvermögen bietet eine Chance, aus der Sackgasse herauszukommen, in die Kind und Eltern durch die Schulverweigerung und durch die schlechten Schulleistungen geraten sind. Um ein solches Einfühlungsvermögen entwickeln zu können, müssen sich Eltern vor allem klar darüber sein, von welch ungeheurer Wichtigkeit sie für ihr Kind sind. Unglücklicherweise erschwert der Trotz des Kindes diese Erkenntnis, scheint er doch das genaue Gegenteil auszusagen. Aber man sollte gerade die Intensität der kindlichen Weigerung, sich den elterlichen Wünschen zu fügen, als einen Beweis für die Intensität seiner Gefühle ansehen. Diese Emotionen zeigen ein starkes Engagement, und sie sind alles andere als ein Beweis dafür, daß das Kind lieber Sport treibt und fernsieht als „in Büchern büffelt". Wenn die Eltern erst einmal begriffen haben, daß sie in den Engpaß geraten sind, weil ihr Kind sie wichtig nimmt, sind sie lange nicht mehr so wütend darüber, daß das Kind sich ihnen widersetzt. Sie können nun anfangen, nach Mitteln und Wegen zu suchen, wie sie ihm zeigen könnten, daß sie es *nicht* einfach mit seinen Schulleistungen identifizieren.

Um dazu in der Lage zu sein, müssen die Eltern allerdings Vertrauen zu ihrem Kind haben, sie müssen darauf vertrauen, daß ihr Kind sein Leben richtig gestalten wird. Das Kind braucht unser Vertrauen zu ihm und seiner Fähigkeit, das Leben zu meistern, um Selbstsicherheit zu entwickeln. Zweifel daran, daß ihm dies gelingen wird – und Zweifel dieser Art sind letzten Endes die Ursache, weshalb wir uns Sorgen machen wegen seiner Schulleistungen –, sind für ein Kind schädlich, wenn es bereits an der Liebe seiner Eltern zweifelt. Um im Leben Erfolg zu haben, braucht ein Kind die Überzeugung seiner Eltern, daß ihm sein Leben gelingen wird. Unser Zutrauen zu unserem Kind ist es, was diesem zu einem grundsätzlichen Selbstvertrauen verhilft, zum Vertrauen auf seine Fähigkeiten. Der Psychoanalytiker Erik Erikson hat sich ausführlich zu diesem Vertrauen geäußert und im einzelnen dargelegt, daß dieses vorhandene oder nicht vorhandene Grundvertrauen darüber entscheidet, wie sich das Leben eines Kindes gestalten wird.

Das unbewußte Bedürfnis des Kindes, sich seinen Eltern zu widersetzen, ist nicht nur häufig anzutreffen, es ist auch das am schwersten zu behebende Problem, denn das Kind ist aus psychologischen Gründen nicht in der Lage, in der Schule das zu leisten, was seiner Begabung entspricht. Wird dieses Bedürfnis nicht entschärft, kann es zu Kriminalität, Drogenmißbrauch oder Ausstieg aus der Gesellschaft führen.

Natürlich gibt es auch noch andere Gründe für schlechte Schulleistungen, wie zum Beispiel das Bedürfnis, die eigene Unabhängigkeit zu beweisen. Gute Eltern werden für dieses Bedürfnis Verständnis haben. Unser Einfühlungsvermögen verwandelt dann unsere kritische Einstellung in eine aufgeschlossene Haltung. Wir können einsehen, daß das Bedürfnis unseres Kindes, eine eigene Persönlichkeit zu entwickeln, es möglicherweise dazu veranlaßt hat, selbst entscheiden zu wollen, ob es arbeiten will oder nicht. Wir hätten gern, daß es bessere Leistungen aufweist; wir versuchen, ihm zu helfen; aber gleichzeitig sind wir auch ein wenig stolz darauf, daß es seine Flügel reckt – wenn auch in unangebrachter Weise –, indem es sich sogar gegen die etablierte Autorität der Schule auflehnt. Wir können uns sogar dazu bekehren, aus seinem Verhalten auf gute Aussichten für die Zukunft zu schließen! Eine so positive Einstellung wird bestimmt seiner Angst entgegenwirken, wir könnten uns am Ende mehr für seine Leistungen als für seine Person interessieren und es wird uns schließlich helfen, sein Interesse an der Schule neu zu wecken. Wenn wir seine Motive akzeptieren oder uns dazu bringen, die Dinge von seinem Standpunkt aus zu sehen, gibt uns das die Möglichkeit, einen Ausweg aus der gemeinsamen Sackgasse zu finden, ohne damit unsere eigenen Ziele aus den Augen zu verlieren. Wenn wir seinen Wunsch nach Unabhängigkeit billigen, erreichen wir, daß unser Kind mit sich selbst zufrieden ist. Wenn wir es als Eltern darin unterstützen, was ihm im Augenblick am wichtigsten ist, kann es von sich aus zur Einsicht gelangen, daß seine Weigerung, Schularbeiten zu machen, weder der einzige noch der beste Weg ist, eine eigene Persönlichkeit zu werden. Dagegen werden wir dieses Bedürfnis bestimmt *nicht* befriedigen, wenn wir es zum Lernen zwingen, denn das würde es nur in der Überzeugung bestärken, daß seine Eltern und seine Lehrer in ihm eine Marionette sehen. Wenn Eltern das Bedürfnis nach Selbstbestätigung akzeptieren, können sie ihrem Kind helfen, weniger destruktive Methoden für diese Selbstbestätigung zu finden. Dann hat das Kind es nicht länger nötig, seine Bedürfnisse durch eine Ablehnung der Schule zu befriedigen.

Wenn es für uns eine Selbstverständlichkeit ist, daß die Motive unseres Kindes gut sind, werden wir fast immer entdecken, daß dies tatsächlich der Fall ist – selbst dann, wenn sie sich auf eine noch sehr unreife Auffassung von der Welt gründen. Aber wie könnte das anders sein – schließlich ist es ja ein Kind! Gehen wir von dieser Voraussetzung aus, so werden wir bald feststellen, daß die Gründe unseres Kindes und unsere eigenen, die wie Welten auseinanderzuliegen schienen, in den meisten Fällen recht befriedigend miteinander in Einklang zu bringen sind. Das erfordert von beiden Seiten guten Willen und von uns vielleicht ein beträchtliches Maß an Geduld. Aber die ist nicht mehr so schwer aufzubringen, wenn wir gelernt haben zu verstehen, was in unserem Kind vorgeht, und wenn wir das akzeptieren können. Wenn wir verstehen, was seine Motive sind, wird nicht nur die Kommunikation zwischen uns leichter und für beide Teile erfreulicher werden, unser Einfühlungsvermögen wird bewirken, daß wir mehr Achtung vor ihm haben als bisher, und daher mehr Freude und Befriedigung dabei finden, seine Eltern zu sein.

Sinnvolles Lernen

Wir wissen seit langem, daß ein Mensch, der von schweren Ängsten bedrängt wird, keine guten geistigen Leistungen vollbringen kann. Eltern und Lehrer bekommen den guten Rat, Lernstörungen von Kindern geduldig und freundlich zu begegnen; doch allzu oft bauen die heutigen Methoden zur Überwindung von Lernschwierigkeiten bei Kindern allein auf Liebe auf. Mit Güte allein läßt sich das Problem nicht lösen; man kann diese Verhaltensweise mit der Bettruhe für einen Kranken vergleichen – sie ist häufig eine Voraussetzung für den Erfolg der Therapie, aber nur selten an sich schon von therapeutischer Wirkung und sogar eher schwächend als heilend. Um eine Lernhemmung zu beseitigen, müssen wir die Angst finden, die dahintersteht, diese Angst zu verstehen suchen und uns dann bemühen, sie auszuschalten.

Es herrscht heute weitgehende Übereinstimmung darüber, daß emotionale Störungen ein Kind so beanspruchen und ablenken können, daß es nicht in der Lage ist, zu lernen oder im Unterricht aufzupassen. Systematische Untersuchungen haben gezeigt, wie eng der Zusammenhang zwischen dem Gefühlsleben und dem Lernvermögen tatsächlich ist. Ein in den fünfziger Jahren durchgeführtes amerikanisches Forschungsprojekt ergab, daß Heranwachsende mit chronischer Neigung zu asozialen Verhaltensweisen auch Schwierigkeiten mit dem Lesen hatten. Um diese Erscheinungen genauer zu untersuchen, wurde eine ganze Schülerpopulation von 45 000 Kindern mehrere Jahre lang beobachtet. Dadurch war es möglich, alle Kinder mit schlechten Leseleistungen zu ermitteln, und das waren nicht wenige. Beispielsweise waren 16 Prozent aller

Fünftkläßler in ihren Leseleistungen auf dem Stand der dritten Klasse. (Bezeichnenderweise litten mehr Jungen als Mädchen unter dieser Entwicklungshemmung.)

Ein Jahr danach war bei diesen nun in die sechste Klasse aufgerückten Schülern das relative Niveau der Leseleistungen bemerkenswert konstant geblieben. Als aber dieselbe Gruppe zwei Jahre später erneut untersucht wurde, stellte man bei fast allen, die in der fünften und sechsten Klasse zu den schlechten Lesern gehört hatten, nun auch soziale Probleme fest.

Meine Erfahrungen mit emotional gestörten Kindern lassen den Schluß zu, daß zwar Leseschwierigkeiten oft früher „auftreten" als schwere emotionale Störungen, daß aber die kausale Reihenfolge genau umgekehrt ist. Normale Intelligenz vorausgesetzt, treten ernste Schwierigkeiten beim Lesenlernen nur auf, wenn ein Kind emotional schwer gestört ist; diese Schwäche hat in aller Regel ihre Ursache in denselben emotionalen Problemen, die ein paar Jahre später zu stark asozialem Verhalten führen können.

Wenn ein kleines Kind emotionale Störungen aufweist, die Eltern aber unfähig oder nicht bereit sind, diese Tatsache zur Kenntnis zu nehmen, bleibt die Störung so lange unbemerkt, bis das Kind in die Schule kommt. Dort wird es dann ausgesondert, aber nicht weil der Lehrer stets das Vorliegen einer emotionalen Störung erkennen würde, sondern aufgrund seiner schlechten schulischen Leistungen. Wie wir auf Fieber achten, weil es uns verrät, daß eine Infektion vorliegt, so ist es auch von größter Wichtigkeit, die Ursachen emotional bedingter Lernhemmungen schon im Anfangsstadium zu erkennen und zu durchschauen. Wenn das Kind nicht schon frühzeitig Hilfe bekommt, sondern von der Schule in die höheren Klassen und ins Jugendalter „befördert" wird, dann hat diese Vernachlässigung wahrhaft kostspielige Folgen – für das Kind, für seine Familie und für die Gesellschaft.

Es ist schwierig, die verschiedenen Typen emotional bedingter Lernhemmungen scharf zu trennen, aber man könnte sie grob in die folgenden drei Gruppen einteilen: Erstens gibt es Hemmungen, die aus einer Lebensweise und pädagogischen Methoden resultieren, die durch unsere hochtechnisierte Welt geprägt sind. Zweitens gibt es Lernhemmungen, die auf die persönliche Lebensgeschichte des Kindes zurückzuführen sind. Und drittens kann die Lernerfahrung selbst eine Störung hervorrufen oder eine bereits bestehende Störung verschlimmern und auf diese Weise den Lernerfolg behindern. Die letzten beiden Gruppen überschneiden sich oft; um diese Erörterung zu vereinfachen, werden sie gemeinsam vorgestellt.

Manche dieser Lernschwierigkeiten erfordern die Behandlung durch einen Spezialisten, aber viele andere könnten von den Erziehern und Lehrkräften weitgehend gemildert werden.

Über die vielen mit der modernen Technik zusammenhängenden Schwierigkeiten ist viel geschrieben und diskutiert worden. Die geläufigste davon ist wahrscheinlich die Auswirkung stundenlangen Fernsehens und die damit einhergehende Kombination von Überreizung und Inaktivität. Eine weniger offensichtliche, technologischem Denken entspringende Hemmung könnte daraus entstehen, daß ein Kind bei Erwachsenen eine Einstellung beobachtet, derzufolge Lernen als ein Werkzeug zu betrachten ist – als etwas, das man nur bei bestimmten Gelegenheiten meistern und anwenden muß.

Im allgemeinen ist für normale Kinder nichts verlockender, als ihre Eltern nachzuahmen, beispielsweise indem sie Mutters oder Vaters abgelegte Kleider anziehen und Erwachsensein spielen oder Szenen aus dem Leben der Eltern nachspielen. Dieser Nachahmungsdrang des Kindes ist sogar einer der stärksten Verbündeten des Lehrers. Wenn das Kind keine Gelegenheit hatte, die geistigen Aktivitäten seiner Eltern nachzuahmen, kann es jetzt diejenigen des Elternersatzes imitieren, des

Lehrers. Gute Schüler finden im allgemeinen Gefallen daran, Lehrer und Schüler zu spielen, also das Geschehen im Klassenzimmer nachzuvollziehen, so wie sie früher ihre Eltern nachgeahmt haben.

Sich verkleiden und Schulespielen sind nur erste, äußere Schritte in der Reaktion des Kindes auf die Innen- und Außenwelt derjenigen Erwachsenen, die für es von Bedeutung sind. Untersuchungen der jüngsten Zeit haben überzeugend dargetan, daß das Kind nicht nur auf die offenkundigen, sondern auch die verborgenen Wünsche der Erwachsenen anspricht und reagiert und sie „ausagiert". Gleichgültig, was Eltern oder Lehrer dem Kind beizubringen versuchen, es wird öfter auf die verborgenen inneren Motivationen des Erwachsenen reagieren als auf seine zum Ausdruck gebrachten Wünsche und Ansichten. Immer wieder läßt sich nachweisen, daß eine kriminelle Handlung eines Kindes – die im Widerspruch zu dem steht, was die Mutter oder der Vater ihm beibringen wollte – das Ergebnis dessen war, was das Kind richtig an dem Elternteil wahrgenommen hat: eines starken, wenn auch vielleicht nicht bewußt eingestandenen Verlangens, eine kriminelle Handlung zu verüben.

Auch Schüler reagieren oft weniger auf Tatsachenbehauptungen der Lehrkräfte als auf die unbewußten Signale, die sie aussenden, ihren Tonfall und die Dinge, die sie unausgesprochen lassen. Wenn Eltern oder Lehrer die Wichtigkeit schulischer Leistungen unterstreichen, ohne eine Verbindung zu einem übergeordneten Ziel herzustellen – wenn wir gute Noten oder gute Leistungen im Unterricht als Selbstzweck ansehen, ohne Rücksicht darauf, ob das Kind den Lehrstoff als sinnvollen Bestandteil eines umfassenderen Lebenszieles begreift –, dann kann das Kind mit Apathie reagieren, da es keinen Sinn darin sehen kann, gute Noten zu erzielen.

Bis zum ersten Sputnik und dem dadurch ausgelösten Getue

um unsere begabten Kinder stellten sich unsere Lehrer vor allem immer wieder die eine Frage, was man denn um Himmels willen mit Johnny anstellen solle, der offenbar nicht imstande sei, lesen zu lernen. Die Probleme, die vom begabten und vom schwachen Leser aufgeworfen werden, sind einander nicht ganz unähnlich. Hinter beiden steht die Notwendigkeit einer veränderten Auffassung vom Wert der Bildung.

Man muß sich vor allem klarmachen, daß Lesen nicht bloß ein Werkzeug ist, dessen Gebrauch man auf jede beliebige Art und Weise erlernen kann, je schneller und leichter, um so besser. Jedes pädagogische Bemühen, das den eigentlichen Sinn und Zweck des Lesens beiseite läßt, ist unweigerlich zum Scheitern verurteilt. Das Werkzeugdenken kreist stets nur um die Werkzeuge als solche: wie man den Umgang mit ihnen meistert und zur Perfektion steigert. Der springende Punkt ist aber, daß man den Gebrauch eines Werkzeugs mit einer bestimmten Absicht erlernt, nämlich der, irgendein anderes Ziel zu erreichen; richtiger Umgang mit dem Werkzeug an sich ist sinnlos, wenn man keine Anwendung im Auge hat. Solches Werkzeugdenken bezogen auf das Lernen kann nicht zu echter Bildung führen, obzwar es im Zusammenhang mit der Vervollkommnung der Kunst des Lebens seine Daseinsberechtigung hat.

Wenn wir uns dem Problem des Lesens zuwenden und uns auf seinen Kern konzentrieren – den Sinn des Lesens –, hat es den Anschein, als ob mit unserer Art des Leseunterrichts manches nicht mehr stimmt. Nicht, daß die Kinder heute nicht mehr lesen lernten; natürlich lernen sie es. Sie lernen es früher, besser und schneller denn je, und obendrein lernen es noch viel mehr Kinder als früher. Wenn wir beim Vergleich der Leseleistungen heute und in der Vergangenheit realistische Maßstäbe anlegen wollen, müssen wir uns auch fragen, ob damit, daß wir so vielen das Lesen so viel rascher beibringen, nicht auch zwangsläufig ein gewisser Qualitätsverlust einhergeht. Außerdem ist es möglich, daß diejenigen, denen wir es beibringen wollen, das Lesen nicht mehr als eine notwendige und wertvolle Quelle des Wissens und der Anregung ansehen. Heute können die Kinder nicht nur aus dem gedruckten Wort, sondern auch aus Radio, Film und Fernsehen lernen. Das Lesen, früher einmal die einzige Art des Wissenserwerbs, büßt an Anziehungskraft ein, wenn es mit diesen anderen Medien konkurriert. Deshalb können wir nicht einfach das Lernen in der Schule damals und heute vergleichen. Wir müssen auch das Lesen in Konkurrenz zu diesen allgegenwärtigen, leichter zugänglichen anderen Informationsquellen sehen.

Eine andere bedenkenswerte Frage ist, ob unser Leseunterricht wirklich so gut ist, wie er heute sein könnte. Ich fürchte, wir machen auf diesem Gebiet unnötigerweise so manches falsch, denn was wir den Kindern in ihren Schulbüchern beibringen, ist oft sinnlos oder steht sogar im Widerspruch zum Zweck des Unterrichts. Diese falsche Orientierung ist das Ergebnis eines Bildungsideals, das auf Werkzeugdenken anstatt auf Zieldenken beruht. Merkwürdigerweise durchzieht dieses Werkzeugdenken auch den größten Teil der Kritik an unserem Bildungswesen ...

Es gilt heute offenbar als die wichtigste Voraussetzung für den Erfolg der Schulbildung, daß unsere jungen Leute sich auf den Hosenboden setzen und wir, die Lehrer, dafür sorgen, daß es auch dabei bleibt. Diese Auffassung widerspricht allen Erfahrungen darüber, wie die meisten Wissensfortschritte erzielt werden; sie begannen als Höhenflüge der Phantasie. Zwecklose Neugier hat sicherlich ihren Preis; sie wird manchmal „zwecklos" bleiben, und manche der Neugierigen werden sich damit begnügen, Fragen zu stellen, und sich nicht sonderlich anstrengen, auch befriedigende Antworten zu finden. Aber ein paar

werden, angespornt durch Neugier, die bedeutenden Fortschritte erzielen – und diese paar reichen uns schon.

So gesehen liegt das Problem allen Lehrens im wesentlichen
darin, die Neugier der Lernenden zu wecken und ihnen gleichzeitig die Überzeugung zu vermitteln, daß sie diese zumindest
teilweise durch Lesen und Lernen befriedigen können. Das
Problem des Leseunterrichts ist es demnach in erster Linie, die
Schüler zu überzeugen, daß das gedruckte Wort Antworten
auf die wichtigen Fragen bereithält, denen ihre Neugier gilt.

Von diesen Zusammenhängen ausgehend, wollen wir uns
einmal einige der Fibeln ansehen, nach denen unseren Kindern
das Lesen beigebracht wird. Die ersten Worte, die das Kind aus
einem weitverbreiteten Lesebuch lernt, lauten: „Lauf, Ted.
Lauf! Lauf! Lauf!" und „Spring, Ted. Spring! Spring! Spring!"

Das ist schwerlich etwas Neues für das Kind, etwas, wofür es
sich lohnt, lesen zu lernen, denn das tut es ja jeden Tag. Außerdem wissen wir ja, wie unendlich viel Geduld ein Kind im ersten Schuljahr aufbringen muß, um stillzusitzen und aufzupassen. Ihm durch das, was es liest, in der Befehlsform zu
sagen, es solle laufen und springen, ist gewiß nicht die rechte
Art, es zum Stillsitzen und Aufpassen zu ermahnen. Schlimmer noch, das geschriebene Wort ermuntert es zu Tätigkeiten,
die ihm der Lehrer untersagt. So geraten schon in den ersten
Schulstunden die Vorschriften des Lehrers, von dem es etwas
lernen soll, in Widerspruch zu den Vorschriften des Buches,
aus dem es lesen lernen soll.

Man sagt mir, diese Wörter seien deshalb gewählt worden,
weil die Kinder sie leicht erkennen könnten. Sehen wir uns
also an, zu welchen bedeutsameren Mitteilungen am Ende des
Buches sie hinführen. Die letzten beiden Seiten der Fibel, die
ich hier vollständig zitiere, vermitteln dem Kind die folgenden
erstaunlichen Neuigkeiten: „Ted! Ted! Lauf und spiel. Sally!
Sally! Plansch! Boots! Boots! (ein Hund) Lauf und spiel.

Plansch! Plansch! Plansch! Boots! Boots! Spiel und plansch.
Sally! Sally! Spiel und plansch. Ted! Ted! Spiel und plansch.
Plansch! Plansch! Plansch!" Das sind die Aufforderungen, die
an das Kind gerichtet werden. Das sind die Tätigkeiten, die
ihm als wünschenswert eingeprägt werden. Es wird aufgefordert, seine Aufmerksamkeit auf Aktivitäten zu richten, die es
vom Lernen abbringen, und es lernt obendrein nur, was es oh-
nehin schon seit langem kennt, ohne je etwas darüber gelesen
zu haben.

Gehen wir nun weiter von den ersten Anfängen des Lesenlernens zu einigen Beispielen, die uns vielleicht Aufschluß darüber geben, ob das Lesenlernen dem Kind als eine lohnende
Betätigung nahegebracht wird, wenn es die grundlegenden Fertigkeiten erworben hat, d. h., ob das Kind schließlich aus seiner Fibel erfährt, daß es durch Lesen Antworten auf die Fragen
finden wird, die ihm wichtig sind.

Eines der schwierigsten und doch allerwichtigsten Dinge,
die jeder Mensch lernen muß, ist es, sich selbst zu begreifen
und sich so zu verhalten, daß er mit seinen Mitmenschen aus-
kommt. Das heißt, er muß lernen, die richtigen Erwartungen
in sein eigenes und in das Verhalten anderer zu setzen. Die ersten Menschen, mit denen ein Kind auszukommen lernen
muß, sind seine Mutter und sein Vater. Man würde deshalb
annehmen, daß seine Lesebücher ihm beizubringen versuchen, realistische Erwartungen in seine Eltern und ihre Interaktionen mit ihm und einander zu setzen.

Doch während die Eltern tatsächlich eine große Rolle in unseren Lesebüchern spielen, kommen in den Geschichten niemals auch nur die geringsten Unstimmigkeiten zwischen den
Eltern vor. Daraus zieht das Kind den Schluß, daß entweder die
Geschichten nicht wahr sind und Lesen sich deshalb nicht
lohnt, oder daß mit seinen Eltern etwas nicht stimmt, weil sie
sich gelegentlich streiten. Dabei müssen aber die Kinder ler-

nen, daß Menschen Meinungsverschiedenheiten – und sogar Auseinandersetzungen – haben und trotzdem gut zusammenleben können, und weiterhin, daß es besser ist, diese Differenzen auszutragen, als ihr Vorhandensein zu leugnen.

In diesen Geschichten aus dem Familienalltag ist die Mutter immer bereit, mit dem Kind spazierenzugehen oder zu spielen; es kommt nie vor, daß sie sich nicht um das Kind kümmern kann, weil sie zu sehr mit dem Haushalt beschäftigt ist. Wenn sie berufstätig ist, hält sie auch das nie davon ab, sich stets uneingeschränkt um das Kind und den Haushalt zu kümmern – offenbar stehen ihr Zeit und Energie in unbeschränktem Maß zur Verfügung. Ebenso ist der Vater in diesen Geschichten nie müde oder ruhebedürftig, wenn er von der Arbeit heimkommt. So wird das Kind zu der Schlußfolgerung geführt, seine eigenen Eltern seien keine guten Eltern, weil sie sich nicht so verhalten wie die Mutter und der Vater in den Geschichten. Statt dessen benehmen sich seine Eltern wie normale Menschen, die manchmal müde sind, Sorgen haben oder sogar gereizt sind, während sie ihren alltäglichen Aufgaben nachgehen, und das paßt überhaupt nicht zu den Leuten, wie sie im Lesebuch des Kindes dargestellt werden.

So widersprechen die Vorstellungen, die das Lesebuch vom normalen oder wünschenswerten Familienleben und sonstigen Verhaltensweisen weckt, auf vielerlei Art den alltäglichen Erfahrungen des Kindes. Die Folge ist, daß diese Vorstellungen das Kind entweder veranlassen, seiner eigenen Lebenserfahrung zu mißtrauen, oder ihm suggerieren, daß man durch Lesen wenig Wahres über die Welt erfahren kann.

Wenn wir angesichts solcher Lesebücher unseren Kindern ernstlich die Bedeutung des Lesenlernens nahebringen wollen, müssen wir dafür sorgen, daß sie den Lesestoff, den wir ihnen aufzwingen, nicht zu ernst nehmen; andernfalls kämen sie zu dem Schluß, daß man durch Lesen nur falsch informiert wird.

Wenn zum Beispiel in diesen Geschichten Kinder einen Unfall haben, was ja gelegentlich vorkommt, verhalten sie sich nie, als wären sie verletzt oder erschrocken oder wütend. Was ihnen auch zustößt, alles ist ein Riesenspaß. Mit solchen Geschichten bereitet man Kinder nicht darauf vor, mit den Widrigkeiten des Lebens fertigzuwerden, und überzeugt sie nicht davon, daß man sich durch Lesen Tatsachenwissen aneignen kann.

In vielen Lesebuchgeschichten wird auch erzählt, wie sehr die Kinder ein neugeborenes Geschwisterchen liebhaben. Dabei ist es durchaus möglich, daß das Kind, das diese Geschichten liest, eifersüchtig auf das neue Baby ist, das in seiner eigenen Familie angekommen ist. Angesichts der Vorstellungen, die ihm diese Geschichten vermitteln, muß es dann entweder die Geschichten für unwahr halten oder an der Berechtigung seiner eigenen Gefühle zweifeln. Auf einen Nenner gebracht läßt sich sagen, daß diese Lesebücher durchweg die Wunschvorstellung eines Erwachsenen über eine ideale Welt wiedergeben, anstatt diese Welt darzustellen, wie sie ist.

Lernen setzt emotionale Sicherheit voraus; ein sehr unsicheres, ein gestörtes Kind ist ein schlechter Schüler. Wenn es durch die falschen Leitbilder der Lesebücher zu der Überzeugung kommt, seine Emotionen stünden nicht im Einklang mit dem, was die Gesellschaft von ihm erwartet, wird es nicht gut lernen. Fast alle in unseren Lesebüchern geschilderten Gefühle sind eindeutig und positiv; sie sind fast nie gemischt oder wirklich negativ. Zu behaupten, alle Kinder seien eifersüchtig auf ihre Geschwister, ist ebenso unrealistisch wie zu behaupten, alle Kinder hätten das neue Baby lieb. Als Kinder haben die meisten von uns beide Gefühle gekannt: Wir haben das Neugeborene geliebt, aber wir waren auch oft verärgert, weil wir seinetwegen auf manches verzichten mußten. Wenn unsere Lesebücher auch nur die Einstellung zu neugeborenen Geschwistern realistisch darstellen, würden sie zum Nachdenken anregen und das Kind zu der Überzeugung bringen, daß das Lesenlernen durchaus nützlich sein kann.

In älteren Gesellschaften, in denen Mangel an der Tagesordnung war, löste die Ankunft eines weiteren Kindes naturgemäß eine Diskussion darüber aus, wie dieses Ereignis sich auf die wirtschaftliche Lage der Familie auswirken würde, woher man den zusätzlichen Platz nehmen sollte und so weiter. Das Kind wurde von diesen Erörterungen nicht ausgeschlossen, und es entnahm ihnen, daß die Eltern dem Familienzuwachs zwar hoffnungsvoll und mit Liebe entgegensahen, daß aber auch ernste Probleme bewältigt werden mußten. Das Kind bekam dadurch Einsicht in die gemischten Gefühle seiner Eltern, wodurch es ihm wiederum leichter gemacht wurde, seine eigenen gemischten Gefühle als natürlich zu akzeptieren.

In der damaligen Zeit lernte das Kind nicht, „lauf, lauf, lauf" zu lesen, während man in Wirklichkeit von ihm erwartete, stillzusitzen und aufmerksam zu sein. Es lernte, daß man *Haus* H-a-u-s buchstabiert und *Hof* H-o-f. Das war zwar nicht sonderlich aufregend, aber es brachte das Kind wenigstens nicht in innere Konflikte. Die ältere Schulmethode bereitete das Kind auch nicht auf die Mühsal und die Unglücksfälle des Lebens vor, wie etwa den Verlust des Zuhauses oder einer Ernte, aber sie suggerierte ihm auch nicht, daß andere Familien keine Geldprobleme hätten. Und noch früher lernte man lesen anhand der Bibel, die zwar mit menschlichen Tragödien angefüllt ist, dafür aber einen Ausgleich durch das Gebot schuf, auf den Herrn zu vertrauen.

Indem wir heute versuchen, den Kindern das Lernen möglichst leicht, angenehm und vergnüglich zu machen, wecken wir oft nichtssagende Vorstellungen vom Leben und von den Menschen. Das wird noch dadurch verschlimmert, daß die Lesebücher das Kind in den ersten Schuljahren nicht mit neuen

Stoffen vertraut machen. Der ganze Leseunterricht ist im wesentlichen auf Dingen oder Erlebnissen aufgebaut, die das Kind bereits kennt. Wenn das alles ist, was wir durch das Lesen erfahren können, warum sollen wir es dann überhaupt lernen, und sei das Lernen selbst noch so leicht und angenehm?

Während die Kinder heute theoretisch besser und leichter lesen lernen könnten, erscheint es in Wirklichkeit oft sinnlos, überhaupt lesen zu lernen, weil der Lesestoff so wenig attraktiv ist. In den höheren Klassen bekommen die Kinder dann Bücher in die Hand, die anregender sind, aber dann sind manche Kinder schon zutiefst entmutigt und haben jedes Interesse an der Schule verloren, weil das, was sie zu bieten hat, so langweilig ist. Diese Bemerkungen sind nicht so zu verstehen, als ob wir jetzt vergessen sollten, was wir heute wissen über die Bedeutung der Freude am Lesen, über die einzelnen Schritte in der Worterkennung, die Worthäufigkeit oder die logische Folge der Schritte beim Erwerb der Lesefähigkeit. Es kann kein Zweifel daran bestehen, daß unsere heutigen Lesebücher dem Kind das Lernen erleichtern; als Werkzeuge sind sie ausgezeichnet. Andererseits haben wir vor Begeisterung über unser Geschick und unseren Erfolg beim Anfertigen dieser Werkzeuge die Tatsache ganz aus den Augen verloren, daß Werkzeuge als solche nutzlos sind, wenn sie nicht für einen bestimmten Zweck gebraucht werden. Es passiert uns in der Pädagogik nur allzu oft, daß wir unser ganzes Augenmerk auf die Vervollkommnung einer Fertigkeit richten und dabei vergessen, ihren tieferen Sinn und Zweck zu betonen, so daß die Fertigkeit selbst unwichtig erscheint.

Warum Kinder in der Schule scheitern

Der wohl häufigste positive Grund für die Verweigerung schulischer Leistungen ist jedoch der Wunsch, die enge Beziehung zu der geliebten Mutter zu erhalten. Lernen heißt erwachsen werden. Deshalb setzen viele Kinder es damit gleich, die Mutter oder doch zumindest das Bemuttertwerden aufgeben zu müssen, und dazu sind sie nicht bereit.

Ebenso positiv, als verborgenes Motiv für schulisches Versagen, ist der uns allen gemeinsame Wunsch, uns von den anderen zu unterscheiden – einzigartig zu sein. Wird das Bedürfnis nach Ansehen und Selbstachtung als positive Motivation akzeptiert, dann müssen wir den Wunsch, lieber der erste unter den Schlechteren als der zweite unter den Besten zu sein, ebenfalls den auf positiven Wünschen beruhenden Lernhemmungen zurechnen.

Der gute Schüler, der sich zutraut, Klassenbester zu werden, wird durch dieses Selbstvertrauen angespornt, härter zu arbeiten. Solange ein Kind glauben kann, daß es Erfolg haben wird, wenn es sich nur genug anstrengt, bemüht es sich im allgemeinen auch, sein Ansehen und seine Selbstachtung zu steigern. Selbst wenn es trotz größter Anstrengungen nur im Mittelfeld landet, kann es sich damit zufriedengeben (und das tun viele Kinder), aber nur, wenn es sich grundsätzlich damit abfinden kann, zum Durchschnitt, zur großen Masse zu gehören.

Wenn dieser bescheidene Platz nicht ausreicht für die Aufrechterhaltung seiner Selbstachtung, wenn sein Bedürfnis, jemand Besonderer zu sein, übermächtig ist oder wenn es nicht zur Masse gehören kann, weil die anderen es zurückweisen, dann erfährt der Wunsch, einzigartig zu sein, eine machtvolle

Verstärkung. Das Kind kann auf diese Weise zu der Überzeugung gelangen, es könne sich nur dadurch auszeichnen, daß es Klassenletzter wird. Damit kann es die Aufmerksamkeit auf sich lenken; sicherlich, Aufmerksamkeit negativer Art, aber doch jedenfalls Aufmerksamkeit.

Der schlechte Schüler wiederum ist oft überzeugt, daß er auf keinen Fall das Klassenziel erreichen wird. Ihn zwingt der Wunsch nach Wahrung seiner Selbstachtung, seine Bemühungen einzustellen. In dem Glauben, er werde auch scheitern, wenn er sich noch so sehr anstrengt, schützt er sich dadurch, daß er beschließt, überhaupt nichts mehr zu tun. Dann kann er sich hinterher sagen, sein Scheitern sei nicht auf Unfähigkeit, sondern auf einen bewußten Willensakt zurückzuführen. Nicht selten ist ein solches Kind überzeugt, es könne mehr Ansehen und Selbstachtung durch Leistungsverweigerung als durch fleißiges Lernen gewinnen.

Wenn wir solchen Kindern helfen wollen, müssen wir zunächst einmal erkennen, daß ein Kind fast nie von sich aus wissen kann, daß es den Entschluß zu scheitern gefaßt hat, weil es Angst hatte, es könne nie Bester werden oder auch nur das Mittelfeld erreichen, oder weil es von der Gruppe nicht aufgenommen wurde. Nur wenig größer ist die Bereitschaft einzusehen, daß es ihm lieber war, mit Pauken und Trompeten durchzufallen, als irgendwo unter schlechteren oder halbwegs guten Schülern zu landen. Mit einem offenen Eingeständnis dieser Art würde das Kind sich selbst um die Chance bringen, durch Lernverweigerung seine Selbstachtung zu wahren. Statt dessen redet es im allgemeinen sich und anderen ein, es könne sehr gut abschneiden, wenn es nur wollte. Nur durch solche Behauptungen kann es sich die Aufmerksamkeit sichern, die jenen zuteil wird, die wirklich „anders" sind, und sich trotzdem noch sagen, seine Einzigartigkeit sei nicht auf Unfähigkeit zurückzuführen, gegen die es seiner Meinung nach nichts tun kann, sondern sie sei das Ergebnis einer freien Entscheidung. So bewahrt es sich sein positives Selbstbild, das Bild, um dessentwillen es von Anfang an schulische Leistungen verweigert hat.

Das Bedürfnis eines Kindes, seine Selbstachtung auf diese Weise zu schützen, zählt zu den gefährlichsten Lernhemmungen. Wenn es erst einmal in dieses Verhaltensmuster verfallen ist, glaubt es aufrichtig daran, sein größter Wunsch sei nicht, jemand Besonderer zu sein, sondern der Schule und den Erwachsenen zu trotzen, indem es bewußt nicht lernt.

Auch aus anderen Gründen ist dies ein heimtückischer Prozeß. Je weiter das Kind zurückfällt, um so stärker wird sein positives Selbstbild bedroht und um so drastischere Mittel muß es zu dessen Aufrechterhaltung anwenden. Das ist der Grund, weshalb ein Viertkläßler sich noch nicht für einen tollen Kerl halten kann, wenn er dem Lehrer trotzt, indem er nicht lernt, während der Siebtkläßler sich zusätzlich auch noch durch kriminelle Handlungen gegen Polizei und Gesellschaft auflehnen muß. Der Viertkläßler, der sich „dumm stellt", ist der Clown, den viele bewundern. Ein paar Jahre später macht er sich mit demselben Verhalten nur lächerlich, und anstatt bewundert zu werden, wird er verachtet. Dann ist es im allgemeinen zu spät für ihn, sein Ansehen durch schulische Leistungen wiederherzustellen, und so versucht er es mit asozialem Verhalten.

Wenn ein Kind aus solchen Gründen in der Schule versagt, hat es wenig Sinn, ihm gut zuzureden, es solle sich mehr anstrengen, um wenigstens in der unteren oder mittleren Gruppe mitzukommen. Es hat ja gerade deshalb beschlossen, nicht mehr zu lernen, um die Angst loszuwerden, daß es auch bei angestrengtem Arbeiten nicht weiter als in diese niedrige Gruppe kommen würde. Ein viel besserer Ansatz ist es, das Selbstvertrauen des Kindes zu stärken, da dessen Mangel der Beweggrund für seine Trotzhaltung war. Man kann dies zum Beispiel dadurch erreichen, daß man dem Kind aufzeigt, wie raffiniert es zur Wahrung seiner Selbstachtung vorgegangen ist, und ihm Anerkennung für sein konsequentes Handeln ausspricht, ohne jedoch das Ziel dieses Handelns zu billigen. Erst viel später, wenn es überzeugt ist, daß wir seine Fähigkeiten anerkennen, kann man dem Kind helfen, wirklich einzusehen, daß es sich wie der Fuchs mit den Trauben verhalten hat. Gleichzeitig müssen wir ihm helfen, nun wirklich gute schulische Leistungen zu erzielen. Durch viele solche Anstrengungen unsererseits gelangt es schließlich vielleicht zu der Erkenntnis, daß die Verweigerung schulischer Leistungen nicht seine einzige Möglichkeit ist, sich auszuzeichnen.

Wir dürfen nie vergessen, daß viele Lernhemmungen auf dem Wunsch eines Kindes nach Aufrichtigkeit und Echtheit gegenüber sich selbst beruhen sowie auf seinem Bestreben, im Rahmen seiner eigenen Lebenserfahrung Erfolg zu haben. Bei gleicher Begabung und angesichts der Tatsache, daß Schule, Eltern, Bildungswesen und Gesellschaft allesamt gute schulische Leistungen befürworten und entsprechenden Druck ausüben, braucht sogar der schlechte Schüler oft sehr viel mehr Willenskraft, um zu scheitern, als sie der gute Schüler aufbringen muß, um überdurchschnittliche schulische Leistungen zu erzielen. Das liegt daran, daß gute schulische Leistungen auf die verschiedenste Art belohnt werden. Wenn ein Kind trotz dieser starken Anreize in der Schule versagt, müssen wir annehmen, daß seine Beweggründe für diese Leistungsverweigerung in vielen Fällen stärker sind als die des Kindes, das gute Noten bekommt.

V. Kinder wollen dazugehören

Der Weg zur Selbstachtung

Je jünger das Kind ist, um so mehr bewundert es seine Eltern. Es kann ja tatsächlich gar nicht anders. Um sich sicher zu fühlen, muß es an ihre Vollkommenheit glauben. Nach wessen Vorbild könnte es sich formen, wenn nicht nach dem der Menschen, die seine Eltern sind? Wer sonst steht ihm so nahe, ist ihm so wichtig? Und wenn alles so ist, wie es sein sollte, erweist ihm niemand soviel Fürsorge wie seine Eltern. Jedes Kind möchte glauben, daß es der Liebling seiner Eltern ist. Die Angst, daß dies nicht der Fall sein könnte, ist die Wurzel der Geschwisterrivalität, deren Intensität anzeigt, wie sehr das Kind sich davor fürchtet. Natürlich ziehen Eltern manchmal ein Kind dem andern vor, wenn sie sich auch einreden, sie hätten alle ihre Sprößlinge gleich lieb. Wenn das stimmte, dürfte es keine individuellen Unterschiede zwischen den Kindern geben, die nun einmal nicht gleich sind und die daher auch nicht von ein und derselben Person auf die gleiche Weise geliebt werden können. Bestenfalls lieben die Eltern ihre Kinder herzlich – was auf viele Eltern zutrifft –, aber sie werden jedes Kind aus besonderen Gründen auf unterschiedliche Weise liebhaben. Die meisten Eltern lieben eines ihrer Kinder zu einem bestimmten Zeitpunkt mehr und ein anderes zu einer andern Zeit, je nach den verschiedenen Entwicklungsstufen, die sie gerade durchmachen und die bei den Eltern verschiedene emotionale Reaktionen hervorrufen. Jedes Kind leidet, wenn es spürt, daß es nicht der Liebling der Eltern ist. Wenn es jedoch oft genug das berechtigte Gefühl hat, in ihrer besonderen Gunst zu stehen, genügt das gewöhnlich, um ihm den Glauben zu erhalten, daß es zumindest meistens der bevorzugte Lieb-

ling der Eltern ist. Auch hier ist genau wie in so vielen anderen
Fällen der Wunsch der Vater des Gedankens und der Gedanke
der Vater des Glaubens. Natürlich funktioniert das alles nur
dann, wenn der Wunsch des Kindes, der *erklärte* Liebling der
Eltern zu sein oder doch wenigstens zu ihren Lieblingen zu gehören, nicht zu oft und zu schwer enttäuscht wird.

Wenn das Kind älter wird, wird es seine Eltern nicht mehr so
uneingeschränkt bewundern. In dem sich immer mehr erwei-
ternden Kreis seiner Bekannten büßen sie etwas von ihrer Vollkommenheit ein. Sein Wunsch, ihr Liebling zu sein, bleibt
aber ungeschmälert bestehen – wenn er möglicherweise auch
auf Lehrer und einige Freunde ausgedehnt wird, denn sein ur-
sprüngliches Bedürfnis, seine Eltern uneingeschränkt zu bewundern, ist so stark und so tief verwurzelt, daß es noch lange
in seinem Unbewußten wirksam sein wird – gewöhnlich bis
zum Erreichen der Reife, wenn nicht noch länger.

Glücklicherweise existiert in den meisten Familien eine
solide Basis für den Wunsch des Kindes, „Lieblingsjünger"
seiner Eltern zu sein, sie zu lieben und zu bewundern und
ihnen, wenn nicht in allem, so doch in einigen sehr wichtigen Aspekten nachzueifern. Es hat diesen Wunsch, wenn
nicht bewußt, so doch gewiß unbewußt. Aber wir alle kennen Familien, in denen dies nicht der Fall ist, in denen die
Eltern tatsächlich ein Kind nicht besonders mögen, weil sie
von ihm enttäuscht sind oder weil sie selbst sich nicht so
verhalten, daß sie eine liebende Bewunderung erwecken
könnten. Ein Kind, das seine Eltern weder bewundert noch
ihnen nacheifern möchte, kann aber sehr wohl einen anderen Menschen finden, zu dem es aufblicken und nach dessen Bild es sich formen kann.

Dieser Wunsch, jemandem nacheifern zu können, ist eine
natürliche Folge der Abhängigkeit des Kleinkindes, seines Be-
dürfnisses, von jemandem versorgt zu werden, der stark genug

ist, ihm Sicherheit zu geben, bis es selbst die nötige Reife erlangt hat. Die Gefahr liegt darin, daß ein Kind, das nicht durch
die Nachahmung seiner Eltern frühzeitig gelernt hat, sich zu
beherrschen, und das zu einem unbeherrschten Jugendlichen
herangewachsen ist, auch weiterhin das dringende Bedürfnis
hat, einen Meister zu finden, dem es nacheifern kann, und daß
der Betreffende nun an einen undisziplinierten Meister gerät.
Ein Beispiel dafür ist das Mitglied einer kriminellen Bande, das
von dem asozialen Führer so beeindruckt ist, daß es ihn bewundert und nachahmt, mit verheerenden Folgen für den Jugendlichen und für die Gesellschaft im allgemeinen. Die
Disziplin, mit der ein Mitglied einer kriminellen Bande die
Ziele dieser Bande verfolgt und dem Anführer gehorcht, ist ein
weiterer Beweis für das Bedürfnis der Jugendlichen, sich an jemanden zu binden, den sie bewundern können, auch wenn
dies aus Gründen geschieht, die die meisten von uns für
schlecht halten. Irgendwie weiß das der junge Mensch vielleicht, wenn auch nur vage, aber sein Bedürfnis, sich an jemanden zu binden, den er bewundern kann und der ihn dafür
scheinbar seinerseits akzeptiert und ihm Sicherheit bietet, ist
so groß, daß es die Stimme der Vernunft zum Schweigen
bringt.

Es ist Sache der Eltern, das Bedürfnis ihres Kindes nach Liebe
zu nutzen, seine Selbstbeherrschung zu fördern und – was
noch wichtiger ist – auf Dauer in ihm den Wunsch zu wecken,
ein disziplinierter Mensch zu sein oder wenigstens zu werden.
Es ist keineswegs leicht für ein Kind, Selbstbeherrschung zu erlangen, selbst dann nicht, wenn es seine Eltern bewundert, sie
liebt und sich von ihnen geliebt fühlt und ihnen gleichen
möchte, denn viele Eltern besitzen diese Selbstbeherrschung
selbst nicht in dem Maß, daß sie für ihre Kinder ein Vorbild
sein könnten. Zudem versuchen viele Eltern ihrem Kind
Selbstbeherrschung auf eine Weise beizubringen, die eher des-

sen Widerstand hervorruft, als daß es ihm Freude macht, sie zu erlernen.

Und noch eine weitere Schwierigkeit besteht: Kinder reagieren meist – sowohl positiv als auch negativ – stärker, wenn sie spüren, daß ihre Eltern gefühlsmäßig stark beteiligt sind. Aber ein diszipliniertes Verhalten schließt gewöhnlich aus, daß wir unsere Gefühle offen zeigen, selbst wenn wir innerlich stark beteiligt sind. Den größten Eindruck macht es auf die Kinder, wenn die Eltern ihre Selbstbeherrschung *verlieren*, denn dann empfangen sie stark beeindruckende Signale. Aber wer Selbstbeherrschung lehren will, muß viel Geduld aufbringen. Geduld ist eine stille Tugend und macht nicht den tiefen und unmittelbaren Eindruck, den es macht, wenn wir die Geduld verlieren. Offensichtlich müssen die Eltern unzählige Male Beispiele von Selbstbeherrschung und Geduld geben, damit ihre Kinder den Wert eines solchen Verhaltens begreifen und diese Werte internalisieren.

Das Erlernen von Selbstbeherrschung ist ein fortlaufender, langwieriger Prozeß, der sich so allmählich abspielt, daß man im Rückblick den Eindruck haben könnte, er sei gleichsam unmerklich, „natürlich" und ziemlich schmerzlos vor sich gegangen. Da die Eltern vergessen haben, wie der Prozeß bei ihnen selbst abgelaufen ist, werden sie leicht ungeduldig, wenn ihre Kinder dabei Schwierigkeiten haben. Außerdem dürften sie vergessen haben, ein wie mächtiger Antrieb die Angst vor dem höllischen Feuer und ewiger Verdammnis einst war, und so verlangen sie von ihren Kindern, daß diese auch ohne diesen Ansporn Selbstdisziplin lernen.

Wenn wir uns an unsere eigenen Kämpfe auf diesem Gebiet erinnern könnten – wie unbeherrscht wir selbst oft waren und wie schwer es uns in unserer Kindheit gefallen ist, Disziplin zu wahren; wie wir uns schlecht behandelt, wenn nicht gar mißbraucht fühlten, wenn unsere Eltern uns gezwungen haben uns gegen unseren Willen zu beherrschen –, dann würden unsere Kinder und wir uns besser verstehen. Goethe, einer der größten Lehrer der Menschheit, warnt uns, daß nur die Fähigkeit, uns an eigene unbeherrschte Tage zu erinnern, es uns ermöglichen wird, das undisziplinierte Verhalten unserer Kinder geduldig hinzunehmen. Eines seiner berühmten Epigramme lautet: „Sag nur, wie trägst du so behaglich / Der tollen Jugend anmaßliches Wesen?" / „Fürwahr, sie wären unerträglich, / Wär' ich nicht auch unerträglich gewesen." Goethe konnte das mit größter Gemütsruhe sagen und sich darüber lustig machen, weil er selbst zu einer echten inneren Sicherheit gelangt war. Das ermöglichte es ihm, für das andernfalls „unerträgliche" Verhalten der Jugend ein amüsiertes Verständnis aufzubringen. Das gleiche Gefühl innerer Sicherheit erlaubte es ihm, sich freimütig daran zu erinnern, wie schwierig, ja unerträglich er selbst in seinen jungen Jahren gewesen war. Viele von uns vergessen das leicht. Ihre Eigenliebe veranlaßt sie, es zu verdrängen oder abzuleugnen.

Aber wir sollten uns daran erinnern, wie unmöglich wir uns oft als Kinder benommen haben und wie empört wir darüber waren, wenn unsere Eltern dann nicht geduldig und verständnisvoll mit uns umgingen. Brächten wir es fertig, so hätten wir weit mehr Verständnis und Geduld für das Unvermögen unserer Kinder, sich zu beherrschen, wenn sie dafür noch nicht reif sind. Wir würden uns dann wenigstens vor Augen halten, daß sie Selbstbeherrschung nur sehr langsam und oft gegen einen starken inneren Widerstand lernen können.

Trotz aller Schwierigkeiten und Hindernisse ist es logischerweise Aufgabe der Eltern, ihren Kindern die richtige Art von Selbstbeherrschung beizubringen, weil man damit so früh schon anfangen und so lange daran arbeiten muß. Nun sind Eltern zwar meist bereit, diese Verantwortung zu übernehmen, doch sind sie weniger bereit, dabei mit gutem Beispiel voranzugehen. Wir alle kennen den alten Spruch: „Tue, was ich sage, nicht was ich tue." Bei der Erziehung unserer Kinder geht das aber einfach nicht an. Ob sie unseren Anordnungen gehorchen oder nicht – innerlich reagieren sie weniger auf unsere Befehle als darauf, wie sie unseren Charakter und unser Verhalten wahrnehmen. Unsere Kinder formen sich, indem sie auf uns reagieren: Je mehr sie uns lieben, um so mehr ahmen sie uns nach und um so mehr machen sie sich nicht nur die von uns bewußt vertretenen Werte zu eigen, sondern auch die, deren wir uns selbst nicht bewußt sind, die aber trotzdem unser Verhalten beeinflussen, und je weniger sie uns lieben und bewundern, um so negativer reagieren sie bei der Formung ihrer Persönlichkeit auf uns.

Aus einer schwedischen Untersuchung vom Jahr 1973 geht überzeugend hervor, daß gut disziplinierte Erwachsene, die ihren Wertvorstellungen entsprechend leben, es kaum nötig haben, ihren Kindern Selbstdisziplin zu predigen, und dies auch selten tun. Dagegen haben Eltern, die ihren Kindern sagen, sie müßten sich beherrschen, es aber selbst nicht tun, keinen Erfolg mit ihren Ermahnungen.

Die schwedische Regierung war zunehmend darüber besorgt, daß sie mit ihrem System ihren Bürgern zwar praktisch von der Wiege bis zum Grabe eine gesicherte Existenz geschaffen hatte, daß es ihr aber nicht gelang, eines ihrer Hauptziele zu erreichen: die wachsende Zerrüttung der Gesellschaft zu verhindern. Trotz aller Anstrengungen der Regierung nahmen bei der Jugend Alkoholismus, Drogenmißbrauch, Rowdytum und Kriminalität genauso zu wie in den USA. Wenn auch diese Probleme in Schweden weit weniger gravierend sind als in den Vereinigten Staaten, veranlaßten sie die Regierung dazu, eine sorgfältige Untersuchung sowohl über disziplinierte und gesetzestreue Jugendliche als auch über straffällig gewordene in Auftrag zu geben. Dabei ging man davon aus, daß Jugendliche

mit schlecht disziplinierten Eltern mit asozialen Tendenzen
ähnliche Tendenzen aufweisen und zu Straftaten neigen
würden. Aber wieso wurden auch Kinder aus wohlhabenden
Kreisen, wo ein derartiges Verhalten normalerweise nicht
dem Milieu entsprach, straffällig, während andere es nicht
wurden? Aus dieser Untersuchung ging hervor, daß weder
der materielle Hintergrund noch die soziale Schicht einen
statistisch signifikanten Einfluß auf das Verhalten ausübten.
Entscheidend dafür, ob ein Jugendlicher sich nach der asozialen oder nach der disziplinierten Seite hin entwickelte,
war die psychische und emotionale Atmosphäre, die in seiner Familie herrschte.

Eltern, die mit Erfolg disziplinierte Kinder aufzogen, waren
selbst verantwortungsbewußte, aufrechte, disziplinierte Menschen, die ein lebendiges Beispiel für die Werte waren, für die
sie sich einsetzten, und die offen mit ihren Kindern darüber
sprachen, wenn diese diesbezügliche Fragen stellten. Sie hielten es nicht für nötig, ihren Kindern diese Werte aufzunöti-
gen, da sie stillschweigend darauf vertrauten, daß aus ihnen
gute Menschen würden. Auch wenn die Jugendlichen im Rahmen der Untersuchung absichtlich in schlechte Gesellschaft
gebracht wurden, erwies es sich, daß sie die Wertbegriffe ihrer
Eltern so sicher internalisiert hatten, daß sie nicht wirklich gefährdet werden konnten. Wenn die Neugier einen solchen Jugendlichen veranlaßte, sich einer kriminellen oder drogen-
süchtigen Gruppe anzuschließen, blieb es stets bei einem
vorübergehenden Versuch ohne dauernde Folgen. Sie fanden
das kriminelle oder sonstwie asoziale Verhalten solcher Ban-
den einfach unattraktiv und für sie ungeeignet. Es entsprach
weder ihren Bedürfnissen noch ihren Interessen. Und auch das
Umgekehrte traf zu: Wenn man straffällig Gewordene oder
Mitglieder der Drogenszene zwang, sich normalen Jugendlichen anzuschließen, kam ebenfalls nichts Wesentliches dabei

heraus. Sie gaben nicht einmal vorübergehend ihr asoziales Verhalten auf.

Außerdem stellte sich bei dieser Studie heraus, daß Problemkinder nicht unbedingt aus undisziplinierten oder zerrütteten Familien kamen und daß sie auch keine offensichtlich asozialen Eltern hatten. Kinder, auf die das zutraf, wurden in die Untersuchung nicht einbezogen. Vielmehr fand man, daß die Eltern dieser asozialen Jugendlichen oft in einer gestörten Beziehung lebten, weil sie sich über ihre Wertvorstellungen nicht einig waren, oder daß sie – was noch häufiger vorkam – ihre diesbezügliche Einstellung ständig änderten. Sie lebten nicht nach den von ihnen propagierten Werten, die sie ihren Kindern beizubringen versuchten. Diese Eltern hatten sich zwar bemüht, ihren Kindern Disziplin zu lehren und ihnen die Wertbegriffe, die sie für richtig hielten, einzutrichtern, aber die Kinder konnten sie nicht internalisieren, weil sie sich mit der Unbeständigkeit ihrer Eltern identifizierten. Während die Eltern erwarteten, daß die Kinder sich besser beherrschen konnten als sie selber, stellte sich bei den meisten Kindern heraus, daß sie noch viel undisziplinierter waren als ihre Eltern.

Aus weiteren Untersuchungen ging hervor, daß es in bezug darauf, ob die Kinder gut dagegen geschützt waren, asozial zu werden, kaum eine Rolle spielte, für welche Werte sich die Eltern speziell einsetzten – ob sie konservativ oder fortschrittlich, streng oder nachgiebig waren. Ausschlaggebend war lediglich, wie eng sie sich in ihrem eigenen Leben an die von ihnen propagierten Werte hielten, die sie ihren Kindern beizubringen versuchten.

Diese Feststellungen setzen kaum in Erstaunen, wenn man bedenkt, daß sich die Schulleistungen eines Kindes am besten nach denen seiner Eltern voraussagen lassen. Wenn die Leistungen der Eltern auf die ihrer Kinder einen solchen Einfluß haben, ist es nicht erstaunlich, daß dies – *mutatis mutandis* –

auch für die Disziplin gilt, da ja Lernen und Disziplin eng miteinander verwandte Begriffe sind, wie schon aus der Herkunft
und den Definitionen des Wortes „Disziplin" hervorgeht. Im
Zusammenhang mit dem Lernen haben wir bereits darauf hingewiesen, daß das innere Bedürfnis, die elterlichen Werte abzulehnen, ein Kind gelegentlich dazu verführen kann, sich zu
weigern, in der Schule mitzuarbeiten, um damit seinen Eltern
einen Streich zu spielen, die sonst stets die Oberhand behalten.
Das kann auch in bezug auf diszipliniertes Verhalten vorkommen. Ein Kind kann sich weigern, dem Beispiel seiner Eltern zu
folgen, weil dies zu hohe Anforderungen an es stellen würde.
Ist dies der Fall, so hängt alles davon ab, wie die Eltern auf eine
solche vorübergehende Ablehnung von Vorschriften reagieren, die dem Kind zu schwierig sind. Welchen Eindruck die
Einstellung der Eltern auf ihr Kind unter Umständen macht,
geht aus dem spontanen Ausbruch eines neunjährigen (amerikanischen) Jungen hervor, der eines Tages seinen Vater zornig
anschrie: „Ich weiß schon, weshalb du so schwer arbeitest; du
tust es, weil du deinen Kindern ein gutes Beispiel geben willst."
Der Vater war erstaunt darüber – daran hatte er nicht gedacht.
Er lebte einfach seinen Grundsätzen gemäß, die ihn veranlaßten, seine Arbeit gut zu verrichten, auch wenn er aus Gründen,
die er für der Mühe wert hielt, hart arbeiten mußte. Der Einfluß seines Beispiels war für seine Kinder unausweichlich. Sein
Sohn mußte einfach seinem Beispiel folgen und härter arbeiten, als es ihm Freude machte, und er hatte Gewissensbisse,
wenn er es nicht tat. Und obwohl er seinem Vater dessen Verhalten übelnahm, war er im Begriff, es zu internalisieren.

Die naive Äußerung des Jungen ist in der Tat recht auf-
schlußreich. Weil er überzeugt war, daß sein Vater sich nur so
verhielt, um seinen Kindern ein Beispiel zu geben, versuchte er
zu erreichen, daß er sich diese väterlichen Werte nicht zu eigen zu machen brauchte und sich daher undisziplinierter ver-

halten konnte. Glücklicherweise hatte der Vater Verständnis dafür und versicherte seinem Sohn, daß er ihm keineswegs ein Beispiel sein wolle; daß er wisse, wie schwierig es oft sei, seinen Grundsätzen entsprechend zu leben, und daß er hoffe, daß sein Sohn, der so viel jünger sei als er, die Dinge leichter nehmen und nicht so hart arbeiten werde, daß er keinen Spaß mehr am Leben habe. Er fügte noch hinzu, auch er habe nicht immer so gewissenhaft gearbeitet – er tue das erst, seitdem er eine sinnvolle und interessante Tätigkeit gefunden habe. Als Kind habe auch er das Leben leichter genommen. Der Junge nahm sich das, was sein Vater sagte, zu Herzen und entkrampfte sich. Als er jedoch älter wurde, verhielt auch er sich disziplinierter. Ohne gezwungen zu werden, sich mit der Lebensweise seines Vaters zu identifizieren, machte er sich dessen Wertbegriffe zu eigen. Hätte man dagegen im Alter von neun Jahren von ihm erwartet, so gewissenhaft wie ein Erwachsener von neunundzwanzig Jahren zu sein, wäre das Ergebnis vermutlich nicht so günstig ausgefallen.

Ein Kind wird vom Verhalten seiner Eltern dann am meisten beeindruckt, wenn sie sich natürlich verhalten, ohne Rücksicht darauf, wie sie auf das Kind wirken. Das Vorbild von Selbstachtung ist so überzeugend, daß ein Kind kaum umhin kann, auch so wie seine Eltern werden zu wollen. Eltern, die Achtung vor sich selbst haben, haben es nicht nötig, ihre Selbstsicherheit noch dadurch zu verstärken, daß sie von ihrem Kind Respekt verlangen. Da sie ihrer selbst sicher sind, werden sie ihre Autorität nicht bedroht fühlen und es hinnehmen, wenn ihr Kind es manchmal an Respekt ihnen gegenüber fehlen läßt, was besonders bei kleinen Kindern gelegentlich vorkommt. Sie wissen, daß es darauf zurückzuführen ist, daß ihr Kind noch nicht über ein reifes Urteilsvermögen verfügt und daß es aus Erfahrung lernen wird. Wenn Eltern andererseits von ihrem Kind Respekt verlangen, so beweist ihm da-

ihre innere Unsicherheit. Es merkt dann, daß sie nicht davon überzeugt sind, daß ihnen der Respekt natürlicherweise zukommt. Er wird ihnen dann – wenn überhaupt – nur widerstrebend gezollt, wobei bewußt oder unbewußt immer das Gefühl bestehenbleibt, daß jemand, der Respekt verlangt, innerlich unsicher ist. Wer aber möchte sich einen solchen Menschen zum Vorbild nehmen? Leider wird ein Kind unsicherer Eltern oft genauso unsicher wie sie. Selbst wenn es die Haltung der Eltern nicht internalisiert und sich dagegen wehrt, macht mangelndes Selbstvertrauen der Eltern einen unsicheren Menschen aus ihm.

Immer dann, wenn Eltern Dinge predigen, die sie selbst nicht praktizieren, verfehlen sie ihre Wirkung in dem Sinn, daß sie ihren Zweck nur für den Augenblick und nicht auf Dauer erreichen. Je seltener Eltern ausdrückliche Anweisungen geben und je konsequenter sie ihren eigenen Wertvorstellungen entsprechend leben, weil das ihrer Natur entspricht, um so besser ist es ...

Wenn wir ein Kind zurechtweisen und erst recht wenn wir ihm befehlen, was es zu tun hat, beeinträchtigt das sein Selbstwertgefühl, indem es ihm seine Mängel bewußtmacht. Selbst wenn es gehorcht, bringt ihm die Zurechtweisung keinen Nutzen. Sie ist der Bildung einer unabhängigen Persönlichkeit nicht förderlich. Die seinem Verhalten zugrunde liegenden Grundsätze oder Vorstellungen werden sich nur ändern, wenn es selbst merkt, daß eine Änderung ihm das einbringt, was es im tiefsten Inneren anstrebt: nämlich Selbstachtung ...

Es ist lehrreich, einmal die unterschiedliche Art, wie Japaner und westliche Eltern ihre Kinder erziehen, miteinander zu vergleichen. In unserer Kultur geht es um eine auf elterliche Gebote gegründete Disziplin, in Japan um eine auf eigenen Überlegungen beruhende Selbstbeherrschung. Kürzlich sollte eine Untersuchung klären, weshalb japanische Kinder bessere

Schulleistungen aufweisen als amerikanische. Vergleiche von Lehrmethoden und Lehrstoffen usw. gaben keinen Aufschluß. Als sich die Forscher jedoch der Frage der Kontrolle durch die Eltern zuwandten, konnten sie radikale kulturelle Unterschiede feststellen, die offenbar für die unterschiedlichen Schulleistungen verantwortlich waren. Wenn kleine Kinder aus dem Westen in Supermärkten herumsprangen, befahlen ihnen ihre Mütter oft ärgerlich: „Hör endlich auf damit!", wenn sie sie nicht laut anschrien. Bestenfalls sagte eine solche Mutter: „Ich habe dir doch gesagt, du sollst das nicht!" Eine japanische Mutter dagegen sagt ihrem Kind grundsätzlich nicht, was es tun soll. Statt dessen fragt sie: „Was wird wohl der Ladenbesitzer davon halten, daß du so in seinem Laden herumspringst?" Oder: „Wie glaubst du wohl, daß mir dabei zumute ist?"

Entsprechend wird eine Mutter aus dem Westen ihrem Kind sagen, es solle etwas Bestimmtes essen oder auch nicht essen, weil es gut für es sei, während eine japanische Mutter fragen wird: „Wie, meinst du wohl, wird dem Mann, der dieses Gemüse für dich gezogen hat, zumute sein, wenn du dich weigerst, es zu essen?" Oder: „Wie, meinst du, wird den Karotten zumute sein, die für dich gewachsen sind, wenn du sie nicht ißt?" So bekommt das Kind im Westen schon sehr früh gesagt, was es zu tun hat, während das japanische Kind dazu erzogen wird, auf die Gefühle anderer Rücksicht zu nehmen. Es spielt dies beim Sozialisierungsprozeß der Japaner eine weit größere Rolle als bei uns im Westen, aber das betrifft uns hier weniger. Wichtig für unser Thema ist eher die Tatsache, daß japanische Kinder lernen, über ihr Verhalten nachzudenken und nicht nur Befehlen zu gehorchen. (Was die Schulleistungen anbelangt, um die es in der erwähten Untersuchung in erster Linie ging, ist anzunehmen, daß es dem japanischen Kind in der Schule zugute kommt, daß es sich schon früh angewöhnt hat selbständig nachzudenken. Vom amerikanischen Kind wird dagegen nicht verlangt, daß es selbst darüber entscheidet, was es tun möchte. Man erwartet vielmehr von ihm, daß es tut, was ihm befohlen wird. So wird nicht nur versäumt, es zu ermutigen, in Situationen, die seine Eltern für wichtig halten, selbständig zu entscheiden. Dadurch, daß man von ihm erwartet, daß es das tut, was ihm befohlen wird, kann man ihm auch den Glauben an die Wichtigkeit seiner eigenen Denkprozesse rauben.)

Die japanische Mutter erwartet von ihrem Kind, daß es fähig ist, gute Entscheidungen zu treffen, aber sie bittet es auch, sie nicht in Verlegenheit zu setzen – das Gesicht zu verlieren gehört zum Schlimmsten, was einem in der traditionsgebundenen japanischen Kultur geschehen kann. Mit ihrer Frage: „Wie, meinst du wohl, ist mir – oder dem Ladenbesitzer – zumute, wenn du dich so benimmst?", gibt sie dem Kind zu verstehen, daß es ihr oder dem Ladenbesitzer einen großen Gefallen tut, wenn es sein Verhalten ändert. Wenn man aufgefordert wird, selbst nachzudenken und nach eigenem Gutdünken zu handeln, und wenn man gesagt bekommt, daß man wichtigen Personen einen großen Gefallen tun könne, dann stärkt das das Selbstwertgefühl, während es destruktiv wirkt, wenn man befohlen bekommt, das Gegenteil von dem zu tun, was man eigentlich tun möchte.

Für die Entwicklung der Selbstbeherrschung – und die Japaner sind ein außerordentlich diszipliniertes Volk – ist es ebenfalls wichtig, daß die Mutter geduldig abwartet, bis ihr Kind sich von selbst zu etwas entschlossen hat. Ihre Geduld ist für das Kind ein wichtiges Vorbild. Sie gibt ihm die Überzeugung, daß es – wenn man ihm nur genügend Zeit läßt – schon ganz von selbst die richtige Entscheidung treffen wird, eine Überzeugung, die seinem Selbstwertgefühl sehr zugute kommt.

Während meines langen Aufenthaltes in Japan habe ich nie

erlebt, daß ein Kind gescholten wurde, daß es weinte oder sich mit anderen Kindern prügelte. Es machte mir großen Eindruck, als ich beobachtete, wie eine Mutter ihrem Kind beibrachte, sich die Schuhe auszuziehen, bevor es ein Zimmer betrat. Ich habe nie gesehen, daß eine Mutter ihrem Kind befahl, das zu tun. Typischerweise sagte sie überhaupt nichts, sondern wartete schweigend und geduldig, bis es von selbst darauf kam. Manchmal gab sie ihm allerdings stillschweigend zu verstehen, daß es das Zimmer noch nicht betreten durfte, aber fast immer wurde nicht dabei gesprochen. Die Mutter brauchte weiter nichts zu tun als geduldig abzuwarten. Bei uns im Westen würden Eltern in ähnlichen Situationen keineswegs soviel Geduld aufbringen. Sie würden dem Kind sofort Anweisungen geben. Es würde dann vielleicht gehorchen, aber sein Groll würde möglicherweise später als Aufsässigkeit wieder an die Oberfläche kommen. Der springende Punkt dabei ist, daß Eltern, die es eilig haben, Disziplin *verlangen*, während man Zeit und Geduld braucht, um das Kind Selbstbeherrschung zu *lehren* und darauf zu vertrauen, daß es sich schon ganz von selbst richtig verhalten wird.

Eine andere Untersuchung zeigt die unterschiedliche Art, wie amerikanische (oder westeuropäische) Mütter am Ende des Tages ihr Kind vom Kindergarten abholen. (Nebenbei bemerkt, hatte die betreffende japanische Mutter das ganze Jahr über beobachtet, wie die anderen Eltern das machten, da ihr Töchterchen das einzige japanische Kind in diesem Kindergarten war.) Die anderen Eltern hatten kaum den Raum betreten, als sie ihrem Kind schon in aller Eile seinen Mantel anzogen und es ins Freie zerrten. Obgleich die Kinder offensichtlich gern noch ein wenig geblieben wären, waren sie alle innerhalb weniger Minuten draußen. Die japanische Mutter nahm schweigend Platz, ohne zunächst ihre kleine Tochter auf sich aufmerksam zu machen. Schließlich sprach sie die Kleine leise an, aber sie beeilte sich genausowenig wie das Kind, das sich weiter mit den Dingen beschäftigte, die es interessierten. Manchmal dauerte dieser Aufbruch eine Stunde, und erst dann verließen die beiden vergnügt den Kindergarten.

Dieses Kind konnte das Gefühl haben, daß seine Bedürfnisse respektiert wurden, daß seine Mutter nicht ihrem eigenen Wunsch heimzugehen den Vorrang einräumte vor dem Wunsch ihres Töchterchens, sich nur langsam vom Kindergarten zu lösen und dann mit der Mutter heimzugehen. Außerdem gab diese Mutter ihrem Kind ein Beispiel von Selbstbeherrschung, das sich vorteilhaft von dem unterschied, womit die anderen Kinder sich abzufinden hatten, und das ihm besser als alles andere zeigt, wie wohltuend eine solche Selbstbeherrschung ist.

Dieser tiefverwurzelte Respekt vor der langsamen Entwicklung der Selbstbeherrschung beim Kind ist keineswegs nur in der japanischen Kultur zu finden. So äußert sich zum Beispiel die amerikanische Anthropologin Ruth Benedict höchst erstaunt darüber, mit welcher Geduld die amerikanischen Indianer abwarten, daß ihre Kinder sich bequemen, in aller Ruhe das zu tun, wozu sie aufgefordert wurden. Sie sagt, sie selbst habe es sich kaum verkneifen können, ein Kind anzutreiben, das zu tun, was sie ihm aufgetragen habe. Aber als sie sich dazu anschickte, habe sie von seiten der anwesenden Indianer eine solche Mißbilligung zu spüren bekommen, daß sie davon Abstand genommen habe. Sie habe sich geschämt, so wenig Respekt vor dem Bedürfnis des Kindes gehabt zu haben, langsam vorzugehen, so daß es die Überzeugung gewinnen konnte, daß es die lästige Aufgabe ausführte, weil es das selber wollte, und nicht weil man es ihm befohlen hatte.

Die Amerikaner haben es immer eilig – es gehört zu ihrer Kultur. Aber leider läßt sich Selbstbeherrschung nicht in Eile lernen. Man braucht viel Zeit und Geduld dazu. Unsere Kinder werden praktisch von Geburt an zur Eile angetrieben. Eine in einem Entbindungsheim vorgenommene Untersuchung ergab, daß man sogar Neugeborenen nicht Zeit läßt, sich zu etwas zu entschließen, sondern daß ihre Mütter sie bereits antreiben. Die am häufigsten gebrauchte Aufforderung lautet: „Los, los!", zusammen mit oft kritischen Formulierungen wie: „Wach doch endlich auf!", „Beeil dich, du sollst mehr trinken als nur einen einzigen Schluck!", „Mund auf!", „Na, mach endlich dein Bäuerchen!", oder: „Auf! Zeig der Dame, was du kannst!", womit der winzige Säugling aufgefordert wurde, Eindruck auf die Besucherin zu machen, indem er zeigte, was er konnte.

Hinter dieser Hetzerei steckt nicht nur die Ungeduld der Mutter und ihr Wunsch, mit dem Füttern fertig zu werden, sondern ihre innere Überzeugung, daß man ein Kind zu dem, was ihm guttut, antreiben oder zwingen muß, weil es sonst nicht dazu bereit ist. Dagegen beruht die Geduld der japanischen Mutter auf der Überzeugung, daß es sich ja um *ihr* Kind handelt und daß es deshalb schon das Richtige tun wird, wenn man ihm nur Zeit läßt, selbst darüber nachzudenken. Diese Überlegung erspart es ihr, sich um die Zukunft ihres Kindes sorgen zu müssen, sie veranlaßt das Kind nur dazu, sich Mühe zu geben, ihren Erwartungen zu entsprechen. Dagegen leiden die meisten amerikanischen Kinder praktisch von Geburt an unter der Überzeugung ihrer Mütter, daß sie das, was für sie richtig und gut ist, nicht tun werden, wenn man sie nicht dazu antreibt. Hierdurch verkrampft sich das Kind und wird widerspenstig, was wiederum die Mutter noch mehr beunruhigt, so daß die Situation für beide Teile immer unerfreulicher wird.

Wir können das japanische Beispiel nicht kopieren. Unsere Kultur, Geschichte und Wertbegriffe sind dafür zu verschieden. Aber wir können daraus lernen, daß Eltern an ihre eigenen Werte glauben und Vertrauen zu ihrem Kind haben

müssen, wenn sie ihm Selbstbeherrschung und Selbstvertrauen beibringen wollen. Das mangelnde Vertrauen der Eltern
und ihre Zweifel, wie sich ihre Kinder entwickeln werden, machen es vielen von ihnen schwer, das Selbstvertrauen zu gewinnen, das die unentbehrliche Grundlage des Selbstwertgefühls ist. Meine Eltern wissen alles am besten, denkt das Kind,
und wenn sie kein Vertrauen zu mir haben, haben sie wohl
ihre guten Gründe dafür. Sicher haben sie einen schlimmen
Makel an mir entdeckt, den ich selbst noch nicht bemerkt
habe. Grund genug, an sich zu zweifeln! All das zerstört das
Selbstvertrauen und die Selbstachtung, worauf man die Selbstdisziplin aufbauen kann. Echte Selbstdisziplin gründet sich auf
die Selbstachtung, die sie uns gibt. Deshalb beeinträchtigen
mangelndes Selbstvertrauen und mangelndes Selbstwertgefühl
nicht nur die Fähigkeit, Selbstdisziplin zu entwickeln, sie machen es fast unmöglich.

Seinen Platz finden und gebraucht werden

„belong": Wenn im englischen Sprachgebrauch auf das Wort to „belong" (gehören) eine Präposition folgt, dann ist es die Präposition „to" (zu). Im amerikanischen Sprachgebrauch behält „belong" seine Grundbedeutung von „sich am richtigen Platz befinden" bei, doch erlaubt es jede Präposition, die eine Ortsangabe ist.

A Dictionary of Contemporary American Usage

Das Gefühl der Zugehörigkeit entwickelt sich zuerst und vor allem in unserer Familie und in unserem Zuhause, und nur auf der Basis dieser frühen Erfahrung wird es sich später auf die Nachbarschaft, auf die Nation, die ethnische Gruppe und die Religion unserer Eltern ausdehnen. Wir schlagen unsere ersten und tiefsten Wurzeln in unserer Familie und unserem Zuhause. Starke positive Gefühle für uns selbst und dauerhafte emotionale Bindungen an andere geben uns im Leben einen festen Halt. Sie verleihen uns Sicherheit und ermöglichen es uns, den Unbilden des Lebens erfolgreich zu trotzen.

Leider spiegelt sich die Entfremdung vieler moderner Menschen darin, daß sie ihre „Wurzeln" in einer fernen, weit abliegenden Vergangenheit und selbst in überseeischen Ländern suchen. Die Samen eines Baumes können zwar von dem Platz, an dem er gewachsen ist, weit weggetragen werden, aber die Bäume, die aus diesen Samen wachsen, brauchen einen festen Standort, um Wurzeln zu schlagen. Das gleiche gilt für den Menschen. Unsere Wurzeln befinden sich zuerst und vor allem in unserer Familie. Dahin gehören wir im tiefsten Sinn – in die Familie, die uns von Kindheit an aufgezogen hat, und später auch in die Familie, die wir für uns selbst und unsere Kinder gründen.

Dem Wörterbuch nach bedeutet *to belong*, sich am richtigen Platz zu befinden. Der uns zustehende Platz ist uns nicht von irgendeiner Macht – und seien es unsere Eltern – zugewiesen worden. Ein solcher Platz wäre zu leicht zu erschüttern, um uns ein echtes Zugehörigkeitsgefühl zu geben. Der uns zustehende Platz ist der Platz, den wir uns selbst erobern, zunächst dadurch, daß wir auf die richtige Art lieben und geliebt werden, und später dadurch, daß wir uns selbst darum bemühen. Das allein macht den Platz sicher und zu unserem Eigentum.

Im Verlauf der menschlichen Geschichte war die Familie für das Überleben aller ihrer Mitglieder eine Notwendigkeit. Wenn nicht jeder in der Familie lange und hart arbeitete, drohten ihnen allen schwere Entbehrungen. Solange genügend Nahrung, Unterkünfte, Kleidung und ein wenigstens rudimentäres Wissen vorhanden waren, ging in der Familie alles gut, und jeder wußte, welcher Platz ihm darin zustand. Daß die Familie mit den Lebensnotwendigkeiten versorgt werden mußte, genügte als Beweis für ihre Daseinsberechtigung – insbesondere in bezug auf die Eltern. Um zu überleben, mußten Eltern und Kinder sich ernsthaft ihren Aufgaben widmen. Sie waren mit Recht stolz auf ihre Leistung, die sie voll befriedigte. Die Kinder arbeiteten von klein auf mit, um den wirtschaftlichen Wohlstand der Familie sichern zu helfen. Worin auch immer ihr Beitrag bestand, es kam kein Zweifel auf, daß ihr Leben Sinn und Zweck hatte. Sie hatten das Gefühl, gute Menschen zu sein, weil sie sich an wichtigen Arbeiten beteiligten. Nach langen, harten Arbeitsstunden auf dem Feld, im Laden und im Haus – Arbeitsstunden, die in den meisten Familien viel zu lang und hart waren – war das Kind überzeugt, daß es alles in seinen Kräften Stehende getan hatte und daß man nicht mehr von ihm erwarten konnte. Es wußte, welcher Platz ihm in der Familie zustand und daß es ihn sich täglich aufs neue verdiente. Das verschaffte ihm ein starkes Gefühl der Zugehörigkeit und ein hohes Selbstwertgefühl. Und wenn die Eltern seinen Beitrag nicht zu schätzen wußten – was auch damals gelegentlich vorkam –, wußte das Kind, daß es nicht seine Schuld war und sie ihm unrecht taten.

Das Kind heute, von dem keine körperliche Arbeit mehr verlangt wird und dessen Belastung mit Arbeit soviel geringer scheint, kann sich seiner selbst nie so sicher fühlen. Es hat immer mehr Schularbeiten zu machen, als es erledigen kann. Es ist immer einer da, mit dem es den Vergleich nicht aushält. Die von ihm in der Schule verlangten Leistungen sind keineswegs klar umrissen, und das Schulziel liegt in so weiter Ferne, daß es ihm im Augenblick nichts sagt. So weiß das Kind nie mit Sicherheit, ob es alle seine Aufgaben erfüllt und seine Sache gut gemacht hat. Es kann sich seines Werts nicht sicher sein, wenn dieser davon abhängt, wie sein Lehrer seine Leistungen beurteilt, oder ob es seine Eltern gefühlsmäßig zufriedenstellt, indem es sich so entwickelt, wie es ihrem Geschmack entspricht, anstatt sich nach seinen eigenen Neigungen und seinen persönlichen Talenten und Erfahrungen zu richten. Daher fehlt es ihm an Selbstvertrauen. Es weiß nie, ob es seine Sache recht macht, und ist unsicher in bezug auf seine Arbeits- und Lebensbedingungen. Es merkt nicht, daß nicht seine eigenen Mängel daran schuld sind, sondern daß unsere modernen Lebensbedingungen ihm keine Sicherheit darüber geben, wie gut es seine Sache macht oder was es mit Recht von sich erwarten kann. Es weiß nur, was die andern von ihm erwarten, und oft wird ihm auch das nicht klargemacht. Wenn man ihm genau erklärt, was von ihm erwartet wird, kann es das überdies oft nicht begreifen. Objektiv könnte es so aussehen, als ob im Vergleich zu früheren Zeiten an das Kind aus unserer Mittelschicht heute weniger Ansprüche gestellt würden, aber oft sind diese Kinder mit sich und der Welt höchst unzufrieden, ohne recht zu wissen warum, und das macht solche Gefühle nur noch beunruhigender.

Eltern und Lehrer können dem Kind wohl sagen, fleißig in der Schule zu lernen sei deshalb sinnvoll, weil es nach vielen Jahren einen besseren Job bekommen und wichtige Tätigkeiten ausüben könne, aber das ist für das Kind wenig überzeugend, weil ein Jahr oder zwei ihm wie eine Ewigkeit vorkommen. In der Vergangenheit sah das Kind, wenn es beim Bestellen der Felder half, auf denen die Nahrung für die Familie wuchs, einen Sinn in seiner Tätigkeit, und das gleiche war auch der Fall, wenn es Gegenstände herstellen durfte, die Gestalt annahmen und vor seinen Augen fertiggestellt wurden. Wenn ein Kind damals seine Aufgaben erledigte, war ihm das ein Beweis dafür, daß es etwas wert war. Heute dagegen sind die Erfolge seiner Bemühungen bestenfalls kaum greifbar und so unsicher wie alles Ungreifbare. Die Überzeugung, etwas wert zu sein, gewinnt man nur, wenn man das Gefühl hat, daß man seine Arbeit gut gemacht hat, und wenn die Arbeit *zu dem Zeitpunkt*, an dem wir daran arbeiten, einen Sinn hat. Es ist nicht nur Langeweile, und es sind nicht nur unsere gesellschaftlichen Mißstände, die einen Jugendlichen verleiten, Zerstreuung und Vergessen in einer Musik zu suchen, die so laut ist, daß sie keinen klaren Gedanken aufkommen läßt, oder daß sie – was noch schlimmer ist – ihre Zuflucht zu Drogen nehmen; es ist ein alles beherrschendes Gefühl der Unsicherheit, das so weh tut, daß sie sich verzweifelt bemühen, es wenigstens für den Augenblick loszuwerden, was es sie auch immer kosten mag.

Manche Eltern erwarten von ihrem Kind, daß es in Haus

und Garten hilft, aber selbst wenn es dabei seine Sache gut macht, kann das dem Kind aus der Mittelschicht nicht die Sicherheit geben, die sich ein Kind früher dadurch erwarb, daß es seinen Beitrag zum Wohlergehen der Familie leistete. Wenn es heute im Garten hilft, so bedeutet das eine Erleichterung für die Eltern, doch trägt es nicht wesentlich zum Wohlergehen der Familie und – was in diesem Zusammenhang noch wichtiger ist – zum Wohlergehen des Kindes bei. Es sieht nicht ein, in welcher Beziehung diese Arbeiten ums Haus herum *ihm* das Leben erleichtern könnten. Noch schlimmer ist, daß es weiß, daß diese Arbeiten von seinen Eltern nicht hoch bewertet werden, weil sie kein wichtiger Beitrag zum Einkommen und zur Sicherheit der Familie sind. Arbeiten, die man nur ungern verrichtet – und dem Kind machen derartige Haus- und Gartenarbeiten in der Regel keinen Spaß –, steigern nicht das Selbstwertgefühl und die Selbstachtung.

Wir alle müssen zwar gewisse unangenehme Arbeiten und Routineaufgaben erledigen, aber wir finden uns damit ab, wenn sie mit wichtigeren Betätigungen in Zusammenhang stehen. So wird in vielen Familien von den Kindern verlangt, daß sie abwechselnd das Geschirr spülen. Das Geschirr muß abgewaschen werden, nachdem das Essen zubereitet und verzehrt worden ist. Das Planen und Zubereiten des Essens kann man als eine kreative Betätigung ansehen: Man muß Entscheidungen treffen, und es gehört auch Geschick dazu. Wenn jemand diese Entscheidung zu treffen hat, ist das Abwaschen des Geschirrs hinterher nur die logische Folge von allem, was voranging. Aber fast immer hat das Kind mit den zu treffenden Entscheidungen wenig oder nichts zu tun, und es erlebt daher auch nicht das befriedigende Gefühl, eine schmackhafte Mahlzeit zubereitet zu haben. Deshalb ist auch das Abwaschen hinterher kein integrierender Bestandteil eines Prozesses, sondern nur eine lästige Arbeit. Wenn wir die schmutzige Arbeit tun müssen, nachdem ein anderer die kreative Arbeit verrichtet hat, haben wir das Gefühl, daß man uns eine Dienstmädchenarbeit tun läßt, die selbst dann, wenn wir sie gut machen, unseren Status in der Gesellschaft eher heruntersetzt als erhöht. Nur wenn wir auch am schöpferischen Teil der Arbeit beteiligt sind, wächst unser Selbstwertgefühl bei dem, was wir tun. Auch daß wir gesagt bekommen, daß wir etwas tun müßten und wann und wie wir es zu tun haben, vermindert das Vergnügen und die Befriedigung, die es uns einbringt. Im Zusammenhang mit dem Spiel wurde bereits erwähnt, daß ein Kind, dem freigestellt wird, wann es etwas tun will und wie es vorgehen möchte, viel eher auf sein Werk stolz ist, als ein Kind, dem man kaum erlaubt, wenigstens in dieser Beziehung eigene Entscheidungen zu treffen. Das gleiche gilt für alle Arbeiten, mit denen das Kind zu Hause als Beitrag zum Familienleben beauftragt wird.

Manche Eltern meinen, sie brächten ihrem Kind Verantwortungsgefühl bei, wenn sie es Haus- und Gartenarbeiten verrichten lassen. Leider erwerben wir aber dadurch, daß man uns sagt, wir wären für etwas verantwortlich, noch kein Verantwortungsgefühl, und zwar auch dann nicht, wenn die Eltern dem Kind einschärfen, daß es für bestimmte Arbeiten verantwortlich sei und sie auszuführen habe. Ein Kind lernt Verantwortungsgefühl nicht dadurch, daß es Anweisungen gehorcht, sondern nur dadurch, daß seine Selbstachtung ihm befiehlt, gewisse Pflichten zu übernehmen und seine Sache gut zu machen. Wenn ein Kind diese Einstellung hat, braucht man ihm kaum zu sagen, welche Pflichten es hat oder wofür es die Verantwortung zu übernehmen hat – es wird es von selbst wissen. *Sagt* man ihm dagegen, es sei seine Pflicht, etwas zu tun, dann riskiert man nur, daß es negativ darauf reagiert. Das Kind gehorcht dann einem Befehl, während man ihm die freie Entscheidung überlassen müßte, wenn es seinem Selbstwertgefühl zugute kommen soll. Und wenn Vater oder Mutter – die Hauptautoritäten im Leben eines Kindes – an sein Verantwortungsgefühl appellieren oder wenn sie – was noch schlimmer ist – es zwingen, das zu tun, wovon sie behaupten, daß es dafür verantwortlich sei, dann hört das Kind heraus, daß sie ihm nicht zutrauen, daß es etwas aus eigener Überzeugung tut oder die nötige Selbstachtung dafür besitzt.

So sagen zum Beispiel viele Eltern ihrem Kind, es habe die Pflicht, sein Zimmer aufzuräumen, weil es *sein* Zimmer sei, und sie erreichen es auch bis zu einem gewissen Grad, weil sie das Kind so beschämen, daß es gehorcht. Trotzdem erreichen sie im Grunde mit diesem Argument nicht ihr Ziel, weil sie ihr Kind nicht davon überzeugen können, daß es richtig und fair ist, das von ihm zu verlangen. Überzeugt haben sie es nicht, selbst wenn sie ihm ihren Willen aufgezwungen haben, weil das Kind von klein auf weiß, daß ein Besitz vor allem dadurch gekennzeichnet ist, daß man mit ihm machen kann, was man will, mit der einen Ausnahme, daß man anderen keinen Schaden zufügen darf. Wenn die Eltern aber behaupten, das unaufgeräumte Zimmer gefährde das Wohlbefinden der Familie, dann geht das zu weit. Die Behauptung, das Kind sei für den Zustand seines Zimmers verantwortlich, d. h., es müsse es in einem Zustand erhalten, der der Auffassung seiner Eltern von Ordnung und Sauberkeit entspricht, widerspricht dem Begriff des Eigentums, weil es sich ja um das *Zimmer des Kindes* handelt. Wenn man einem Kind sagt, was es mit seinem Zimmer zu tun hat, negiert man damit, daß es wirklich *sein* Zimmer ist, weil es sonst damit machen könnte, was es möchte. Wenn das Kind sich vielleicht auch nicht bewußt ist, daß beim Argument seiner Eltern etwas nicht stimmt, fühlt es das doch, und das beeinträchtigt sein Vertrauen in die Fairneß seiner Eltern. Damit lernt es aber noch kein Verantwortungsgefühl.

Wenn die Eltern andererseits ihrem Kind klarmachen, daß

die ganze Wohnung einschließlich des Zimmers, welches das
Kind benutzt, Eigentum der Familie ist, dann haben sie als
Haupt der Familie darüber zu bestimmen, wie alle Zimmer zu
bewohnen und in welchem Zustand sie zu halten sind. Wenn
jedoch alle Zimmer der Familie gehören, gibt es keinen Grund
dafür, daß das Kind für seinen speziellen Raum speziell verantwortlich sein soll. Die Pflege der ganzen Wohnung ist dann etwas, wofür die ganze Familie zu sorgen hat. Wenn das eigene
Zimmer des Kindes geputzt oder aufgeräumt werden muß, hat
nicht das Kind allein die Verantwortung dafür, sondern seine
Eltern sind mitverantwortlich. Und weil sie meist den größten
Wert darauf legen, daß etwas mit dem Zimmer geschieht, sollten sie auch die Hauptarbeit übernehmen. Natürlich sollte das
Kind sich an der Arbeit beteiligen. Da es vermutlich die Un-
ordnung gemacht hat, kann man von ihm erwarten, daß es
mithilft. Meiner Erfahrung nach sieht das Kind das auch ein,
wenn es eine gute Beziehung zu seinen Eltern hat. Und wenn
die Eltern mit gutem Beispiel vorangehen, ist es im allgemeinen bereit zu helfen, und es macht ihm sogar Spaß, besonders
wenn es nach seiner Meinung gefragt wird, wie man vorgehen
sollte. Es freut sich dann, wenn seine Ideen befolgt werden.
Wenn das Zimmer auf diese Weise in Ordnung kommt, hat
das Kind dabei zwar noch kein Verantwortungsgefühl gelernt,
aber das Aufräumen des Zimmers wird dann wenigstens kein
Streitpunkt mehr zwischen Eltern und Kind sein.

Beim Lebensstil moderner Familien der Mittelschicht gibt es
unter den üblicherweise anfallenden Arbeiten kaum noch
eine, die dem Kind so sinnvoll vorkommt, daß es sich verpflichtet fühlt, sie zu übernehmen, und daß sie seinem Selbstwertgefühl zugute kommt. Ausgenommen sind außergewöhn-
liche Situationen wie besondere Notfälle, wenn Vater oder
Mutter krank sind oder wenn ein älteres Kind sich für das
Wohlbefinden eines jüngeren Geschwisterchens verantwort-

lich fühlt. Aber im großen und ganzen kommt es selten zu derartigen Situationen, und sie dauern meist nicht lange. Daher können die Eltern nicht viel mehr tun, als sich klarzumachen, wieviel schwerer es für unsere Kinder geworden ist, jene innere Sicherheit zu entwickeln, die durch das Gefühl entsteht, daß man gebraucht wird und zum Wohlergehen der Familie einen wichtigen Beitrag leistet. Dieses Gefühl muß man jetzt durch weit weniger greifbare Erfahrungen erwerben. Es ist ein Gefühl, das aus der Überzeugung entsteht, daß eine Aufgabe so wichtig ist, daß sie einfach getan werden muß, und zwar von dem Kind getan werden muß, weil sonst niemand zur Verfügung steht oder sie gut erledigen könnte.

Quellenverzeichnis

Märchen geben Sicherheit: Bruno Bettelheim, Kinder brauchen Märchen, S. 49–54, © Deutsche Verlags-Anstalt Stuttgart, 5. Aufl. 1990. *Aus dem Amerikanischen übersetzt von Liselotte Mickel und Brigitte Weitbrecht.*

Märchen weisen Wege: Bruno Bettelheim, Kinder brauchen Märchen, S. 71–72, © Deutsche Verlags-Anstalt Stuttgart, 5. Aufl. 1990. *Aus dem Amerikanischen übersetzt von Liselotte Mickel und Brigitte Weitbrecht.*

Die ersten Spiele: Bruno Bettelheim, Ein Leben für Kinder. Erziehung in unserer Zeit, S. 211–219, © Deutsche Verlags-Anstalt Stuttgart, 8. Aufl. 1989. *Aus dem Amerikanischen übersetzt von Liselotte Mickel.*

Aggressive Spiele – was tun!: Bruno Bettelheim, Ein Leben für Kinder. Erziehung in unserer Zeit, S. 197–235, © Deutsche Verlags-Anstalt Stuttgart, 8. Aufl. 1989. *Aus dem Amerikanischen übersetzt von Liselotte Mickel.*

Märchen und Phantasie: Bruno Bettelheim, Kinder brauchen Märchen, S. 61–66, © Deutsche Verlags-Anstalt Stuttgart, 5. Aufl. 1990. *Aus dem Amerikanischen übersetzt von Liselotte Mickel und Brigitte Weitbrecht.*

Phantasie – Voraussetzung für ein reiches Innenleben: Bruno Bettelheim, Ein Leben für Kinder. Erziehung in unserer Zeit, S. 192–196, © Deutsche Verlags-Anstalt Stuttgart, 8. Aufl. 1989. *Aus dem Amerikanischen übersetzt von Liselotte Mickel.*

Kinder und Fernsehen: Bruno Bettelheim, Themen meines Lebens. Essays über Psychoanalyse, Kindererziehung und das jüdische Schicksal, 165–172. *Aus dem Amerikanischen übertragen von Rüdiger Hipp,* © Deutsche Verlags-Anstalt Stuttgart, 1990.

Wie man Lesen lernt: Bruno Bettelheim, Kinder brauchen Bücher. Lesen lernen durch Faszination, S. 12–18. Ins Deutsche übertragen von Liselotte und Ernst Mickel. © Deutsche Verlags-Anstalt Stuttgart, 2. Aufl. 1992.

Schulleistungen – ein Thema, an dem sich die Geister scheiden: Bruno Bettelheim, Ein Leben für Kinder. Erziehung in unserer Zeit, S. 64–78, © Deutsche Verlags-Anstalt Stuttgart, 8. Aufl. 1989. Aus dem Amerikanischen übersetzt von Liselotte Mickel.

Sinnvolles Lernen: Bruno Bettelheim, Erziehung zum Überleben. Zur Psychologie der Extremsituation, S. 160–168, © Deutsche Verlags-Anstalt Stuttgart 1980. Aus dem Amerikanischen übersetzt von Rudolf Hermstein.

Warum Kinder in der Schule scheitern: Bruno Bettelheim, Erziehung zum Überleben. Zur Psychologie der Extremsituation, S. 171–174, © Deutsche Verlags-Anstalt Stuttgart 1980. Aus dem Amerikanischen übersetzt von Rudolf Hermstein.

Der Weg zur Selbstachtung: Bruno Bettelheim, Ein Leben für Kinder. Erziehung in unserer Zeit, S. 112–122, © Deutsche Verlags-Anstalt Stuttgart, 8. Aufl. 1989. Aus dem Amerikanischen übersetzt von Liselotte Mickel.

Seinen Platz finden und gebraucht werden: Bruno Bettelheim, Ein Leben für Kinder. Erziehung in unserer Zeit, S. 112–122, © Deutsche Verlags-Anstalt Stuttgart, 8. Aufl. 1989. Aus dem Amerikanischen übersetzt von Liselotte Mickel.

Damit werden Eltern groß

Roswitha Defersdorf
Drück mich mal ganz fest
Geschichte und Therapie eines wahrnehmungsgestörten Kindes
Band 4041

Daniel – ein scheinbar ganz normales Kind. Und doch ist er nicht in der Lage, Sinneseindrücke zu ordnen. Eine Mutter erzählt vom Weg der Therapie.

Rudolf Dreikurs/Loren Grey
Kinder lernen aus den Folgen
Wie man sich Schimpfen und Strafen sparen kann
Band 4055

Ein Erziehungsstil, der Kindern frühzeitig dazu verhilft, eigenständige Erfahrungen zu sammeln und mit Freiheit richtig umzugehen.

Marianne Arlt
Pubertät ist, wenn die Eltern schwierig werden
Tagebuch einer betroffenen Mutter
Mit einem Nachwort von Christine Swientek
Band 4100

Wenn Kinder „in die Jahre kommen", ist der Familienfrieden dahin. Heftige Erfahrungen und wie man ganz gut mit ihnen leben kann.

Emil E. Kobi/Heidi Roth
Kinder von Aggressiv bis Zerstreut
Ein Ratgeber für den Erziehungsalltag
Band 4182

Damit aus einer Kinderzimmer-Mücke kein Elephant wird: überzeugende Vorschläge, die Probleme lösen und Fehlentwicklungen erkennen helfen.

Armin Krenz
Seht doch, was ich alles kann
Was uns Kinder sagen wollen
Band 4209

Die Innenwelt des Kindes. Ein Buch, das die Vielfalt kindlicher Ausdrucksformen lesbar macht und hilft, Fähigkeiten besser zu entfalten.

HERDER / SPEKTRUM

Judith S. Kestenberg/Janet Kestenberg-Amighi
Kinder zeigen, was sie brauchen
Wie Eltern kindliche Signale richtig deuten
Band 4222

Darauf können Sie vertrauen: Ihr Baby weiß selbst am besten, was es braucht. Hilfreiche Hinweise für gestreßte und schlaflose Eltern.

Roswitha Defersdorf
Ach, so geht das!
Wie Eltern Lernstörungen begegnen können
Band 4243

Damit die Lust am Lernen nicht zum Frust wird: Erprobte Hinweise, wie Eltern ihrem Kind helfen können, Lernblockaden abzubauen.

Leo Gehrig
Reden allein genügt nicht
Haltung und Verhalten in der Erziehung
Band 4246

Was tun bei Konflikten mit „den lieben Kleinen„? Beispiele und Anregungen für eine phantasievolle, ehrliche Eltern-Kind-Beziehung.

Claudia Gürtler
Freizeit – freie Zeit?
Grundschulkinder und ihre Freizeit
Band 4277

Langeweile: kein Thema! Praktische Tips, wie Eltern mit ihren Kindern die Freizeit sinnvoll gestalten können.

Heinrich Lang
Wenn Kinder krank sind
Praktische Tips vom Kinderarzt helfen Streß vermeiden
Band 4285

Der erfahrene Facharzt für Kinderheilkunde gibt praktischen Rat, wie man Krankheiten und ihre Symptome erkennen und einordnen kann. „Ein empfehlenswertes Nachschlagewerk" (Stiftung Warentest).

HERDER / SPEKTRUM